IDV-Lernprogramm
FORTRAN Band I

IDV-Lernprogramm

Herausgegeben vom
IDV-Institut für elektronische Datenverarbeitung Zürich
in Verbindung mit dem Institut für
Betriebswirtschaft an der Hochschule St. Gallen

1971
DE GRUYTER Berlin/New York · HAUPT Bern

FORTRAN

Ein PU-Lehrgang mit Programmbeispielen für
Ingenieure
Techniker
Ökonomen
Naturwissenschaftler

Band I
Basistext und Lösungen

1971
DE GRUYTER Berlin/New York · HAUPT Bern

Autor: IDV-Institut für elektronische Datenverarbeitung Zürich
(Milan Kryka und Bernhard Flückiger)
Zeichnungen: Marie Kryka

ISBN 3 11 003576 6 (de Gruyter)
ISBN 3-258 02016 7 (Haupt)

Das vorliegende Lernprogramm wie auch diverse andere IDV-Lernprogramme sind auch als LOSBLATTWERKE bei IDV Institut für elektronische Datenverarbeitung, CH-8006 Zürich, Ottikerstr. 22, erhältlich.
Das LOSBLATTVERFAHREN ermöglicht es, den Inhalt des Lernprogramms laufend auf dem neuesten Stand zu halten.

VORWORT

Es gibt heute eine breite Schicht von Personen, die in irgendeiner Weise am Rande vom Phänomen "Computer" betroffen ist. Für diesen Personenkreis genügt die Aneignung von Grundkenntnissen der elektronischen Datenverarbeitung. Die Vermittlung dieser Grundkenntnisse ist das Ziel des IDV Lernprogrammes "Elektronische Datenverarbeitung".

Immer mehr Menschen haben heute jedoch das Bedürfnis, öfters aber auch die Pflicht, sich eingehender mit dem konkreten Einsatz von Computern zur Lösung von Datenverarbeitungsaufgaben zu befassen. In diesem Falle gilt der Grundsatz: Wer mit dem Computer unmittelbar "umgehen" will, muss u.a. die richtige "Umgangssprache", d.h. die richtige Programmiersprache beherrschen ! Unter Programmiersprache versteht man eine formalisierte Sprache zur eindeutigen Formulierung von Arbeiten, die der Mensch dem Arbeitsträger "Computer" zur Ausführung übertragen möchte. Eine international anerkannte und häufig verwendete Programmiersprache ist FORTRAN. Mit dieser Programmiersprache befasst sich das vorliegende IDV Lernprogramm aus der durch das ifb Institut für Betriebswirtschaft an der Hochschule St. Gallen und das IDV Institut für elektronische Datenverarbeitung Zürich herausgegebenen Lernprogrammreihe. FORTRAN wurde bereits im Jahre 1954 unter dem Namen FORTRAN II entwickelt und ist im Jahre 1964 in erweiterter Form als FORTRAN IV von der American Standard Association (ASA) standardisiert und als Norm eingeführt worden. Die Programmiersprache FORTRAN (FORmula TRANslation) baut auf der mathematischen Formelschreibweise auf und eignet sich vor allem für die Programmierung mathematischer und statistischer Berechnungen, wie sie in Wissenschaft und Technik, aber auch auf jedem Gebiet in der Praxis immer mehr auftreten. Die immer stärkere "Mathematisierung des täglichen Lebens" lässt FORTRAN immer mehr an Bedeutung gewinnen. FORTRAN gehört zur Klasse der sogenannten "problemorientierten Programmiersprachen", die es erlauben, die Verarbeitungsaufgaben bestimmter Problemkreise möglichst einfach, den entsprechenden Problemen angepasst, zu formulieren. Mit dieser Art von Programmiersprachen kann eine Verarbeitungsaufgabe zum grössten Teil unabhängig von einem bestimmten Computertyp programmiert werden. Ein entsprechendes vom Computerhersteller mitgeliefertes Uebersetzungsprogramm überträgt automatisch das in FORTRAN geschriebene Programm in ein maschinentyp-abhängiges Programm.

Das vorliegende IDV Lernprogramm ist für einen Personenkreis geschrieben, der FORTRAN rasch in den Griff bekommen möchte. Die Vermittlung von praktischem Wissen und Können hat den Vorrang. Wie bereits beim ersten Werk dieser Lernprogrammreihe, trägt die bewährte Lehr- und Lerntechnik wesentlich zur Erreichung dieser Zielsetzung bei. Dem Charakter des Lernstoffes Rechnung tragend, wurde dieses neue IDV Lernprogramm zweiteilig konzipiert. Der erste Band beinhaltet den Lernstoff und die Lösungen zu den Uebungsaufgaben. Wiederum wird in den einzelnen Lernabschnitten reichlich auf grafische Darstellungen und Bilder Bezug genommen. Die Lernabschnitte machen es klar, wie man beim Aufbau eines FORTRAN-Programmes vorgeht und wie das Programm richtig arbeitet. Im zweiten Band ist ein Steuertext zusammengestellt, der den Lernenden bei der Bearbeitung des Stoffes in optimaler Weise führt. Auch sind zahlreiche Aufgabenstellungen (Uebungen), deren Bearbeitung eine gründliche Beherrschung des Lernstoffes ermöglicht, Bestand dieses zweiten Bandes.

Vorwort

Dieses IDV Lernprogramm kann in verschiedenen Aus- und Fortbildungssituationen verwendet werden. Es eignet sich sowohl zum Selbststudium als auch als Lehrbuch für die Ausbildung in Schulen und Kursen sowie für die Fortbildung in Wirtschaft, Verwaltung, Wissenschaft und Technik. Das Buch zeigt, dass jeder Mensch von normaler, wacher Intelligenz Zugang zum Computer haben kann und dass er ihn sogar zu meistern vermag, wenn er ihm etwas Zeit und Studium schenkt. Wir veröffentlichen dieses Buch, weil es uns dies plastisch vor Augen führt, weil es dem Lernenden Freude bereiten wird und weil es ihm zusätzlich einen nützlichen Dienst erweisen wird.

Institut für Betriebswirtschaft
an der Hochschule St. Gallen

T. Bearth

St. Gallen im Juni 1971

INHALTSVERZEICHNIS

INHALTSVERZEICHNIS DES ZWEITEN BANDES

SINNBILDER FUER PROGRAMMABLAUFPLAENE

SINNBILDER FUER PROGRAMMABLAUFPLAENE

(NACH DIN 66.001)

SINNBILD	BEDEUTUNG	BEMERKUNG	BEISPIELE
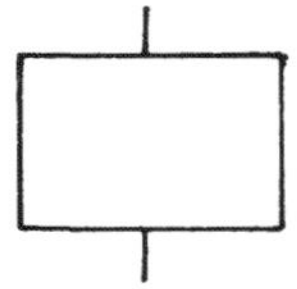	OPERATION, ALLGEMEIN	EIN EINGANG, EIN AUSGANG	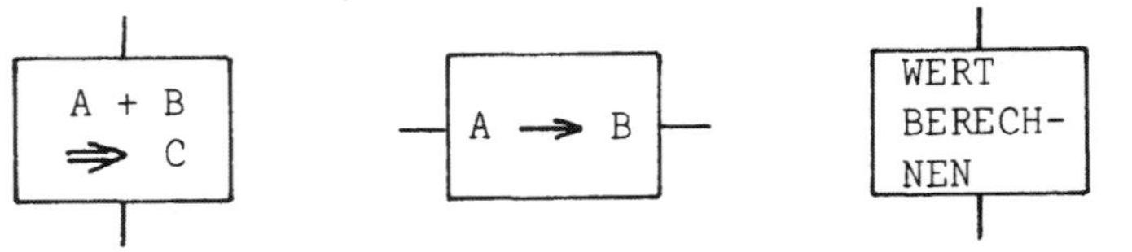
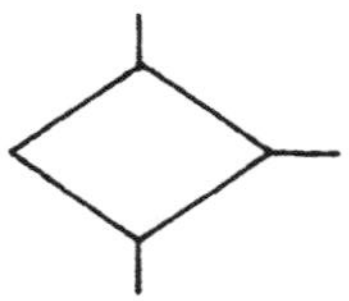	VERZWEIGUNG	EIN EINGANG, mindestens ZWEI AUSGAENGE	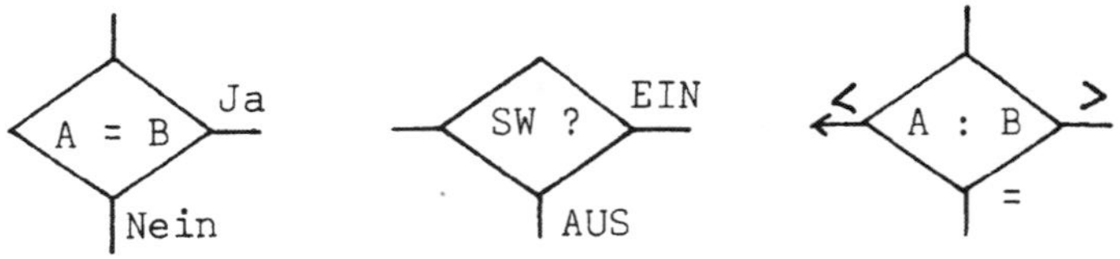
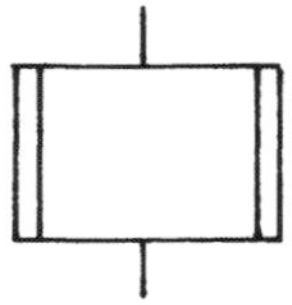	UNTERPROGRAMM	EIN EINGANG, EIN AUSGANG	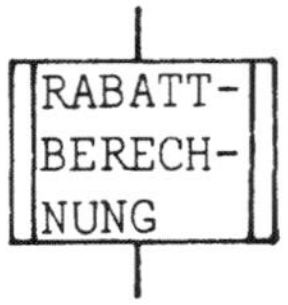
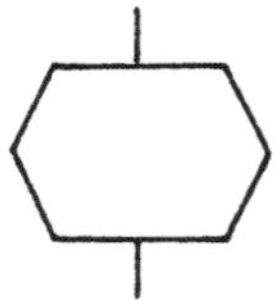	PROGRAMMODIFI- KATION	EIN EINGANG, EIN AUSGANG	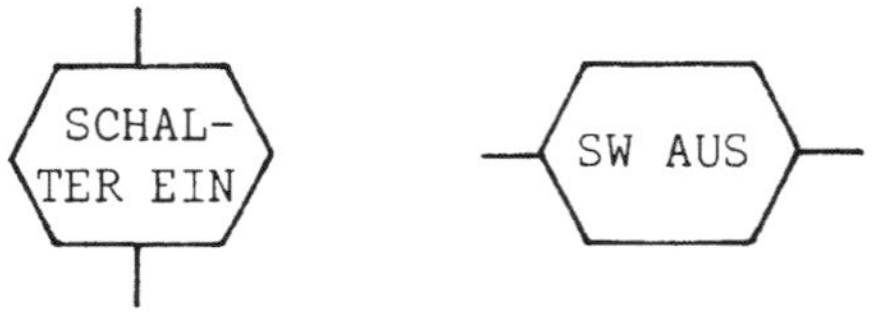
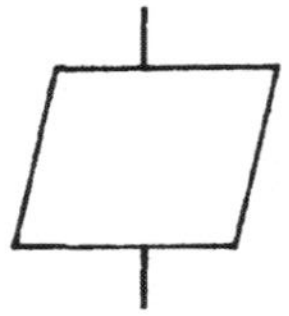	EINGABE, AUSGABE	EIN EINGANG, EIN AUSGANG	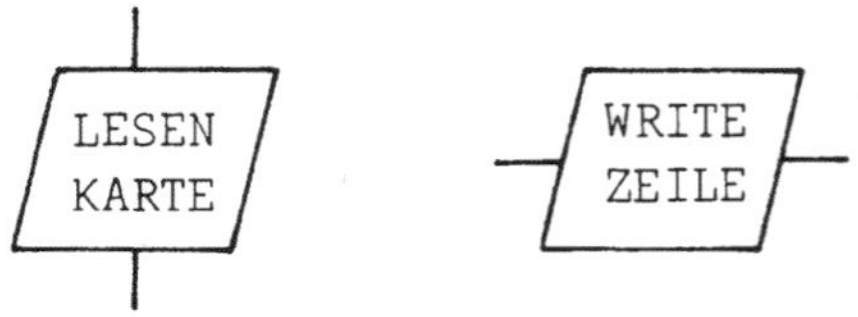

SINNBILD	BEDEUTUNG	BEMERKUNG	BEISPIELE
	GRENZSTELLE	EIN EINGANG <u>ODER</u> EIN AUSGANG	
	UEBERGANGSSTELLE (KONNEKTOR)	EIN EINGANG <u>ODER</u> EIN AUSGANG <u>ODER</u> MEHRERE EINGAENGE <u>UND</u> EIN AUSGANG	
	ABLAUFLINIE	HAUPTRICHTUNGEN: VON OBEN NACH UNTEN, VON LINKS NACH RECHTS	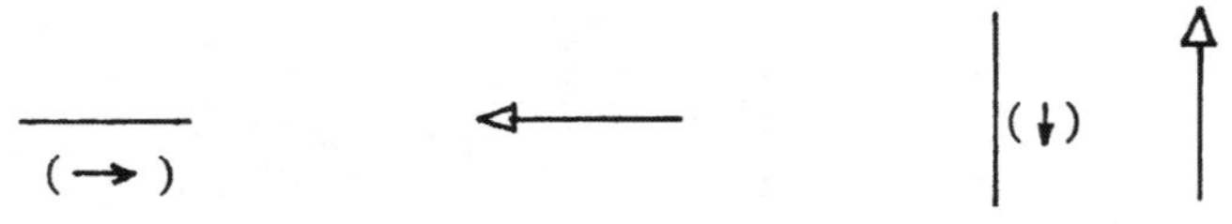
	ZUSAMMENFUEHRUNG VON ABLAUFLINIEN	OFT DURCH EINEN KONNEKTOR GEKENNZEICHNET	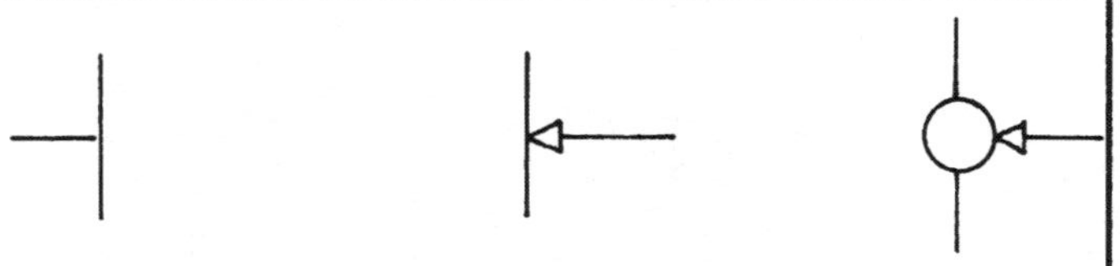
	BEMERKUNG		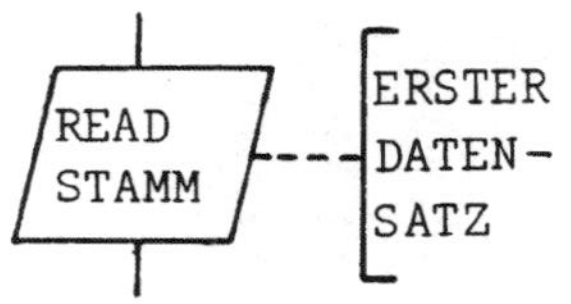

ANMERKUNG : STATT PROGRAMMABLAUFPLAN SAGT MAN OFT AUCH PROGRAMMABLAUFDIAGRAMM ODER KUERZER BLOCKDIAGRAMM.
DIE ENGLISCHE BEZEICHNUNG IST FLOW CHART.
WIR WERDEN IM WEITEREN DEN KUERZEREN NAMEN BLOCKDIAGRAMM BENUETZEN.

Ich Bitte Um Ihre Aufmerksamkeit:

Die Gestaltung dieses Lehrgangs wurde mehrmals erfolgreich erprobt. Ich hoffe, dass sie auch Ihnen zusagt. Dies setzt jedoch voraus, dass Sie von Anfang an mit vollem Einsatz arbeiten.

Das erste Kapitel macht Sie mit der FORTRAN-Programmierung im groben Rahmen vertraut. Fast alle wichtigen Elemente der FORTRAN-Sprache sind dort enthalten. Es ist ganz besonders wichtig, schon am Anfang die leistungsfähige Methode der Unterprogrammtechnik kennen zu lernen.

Der Gesamtüberblick im ersten Kapitel muss natürlich teuer erkauft werden:

1. Es ist nicht leicht, die ersten 37 Seiten zu bewältigen. Ich empfehle Ihnen, lieber zweimal diesen Stoff durchzugehen, als ihn zu überspringen.
2. Die einzelnen Sprachelemente werden nur so weit erläutert, wie es für den Ueberblick notwendig ist. Die vollständigen Regeln bringen die Kapitel 2 bis 6.

Nachdem Sie das erste Kapitel gründlich bearbeitet haben, starten Sie beim ersten Schritt des Steuertextes im Band II. Der Steuertext führt Sie dann in Ihrem weiteren Studium. Die Seitennummern enthalten immer auch die Bezeichnung des Bandes:

I/23 . . . . Seite 23 vom Band I

II/23 . . . . Seite 23 vom Band II.

Milan Kryka, Leiter Abt. Lernmethoden

IDV - Institut für elektronische Datenverarbeitung, Zürich

1. Wie Sieht Ein FORTRAN-Programm Aus

① Aufgabenstellung

Zu berechnen ist der durchschnittliche Monatslohn all jener Arbeiter, die im betreffenden Monat keine Ueberstunden geleistet haben.

② Analyse

FRAGE	ANTWORT	FORTRAN-BEZEICHNNUNG
A) Welche Daten sind gegeben?	- Die normale Anzahl der Arbeitsstunden im betreffenden Monat. - Die wirkliche Anzahl der Arbeitsstunden im betreffenden Monat und der Stundenlohntarif.	STNORM STUND TARIF
B) In welcher Form sind die Eingabedaten verfügbar?	- Für die Form von STNORM ist der Programmierer zuständig. - STUND und TARIF sind in Lohn-Lochkarten vorhanden. Pro Arbeiter wird eine solche Lochkarte angefertigt. - STUND in Kolonnen 1 bis 5 TARIF in Kolonnen 6 bis 10 der Lochkarte. - STUND mit einer Dezimalstelle. TARIF mit zwei Dezimalstellen.	
C) Welche Resultate muss das Programm liefern?	- Das Muster der Ausgabeliste: LOHNSUMME = 25000.00 ANZAHL = 25 DURCHSCHN = 1000.00	
D) Welche Restriktionen gibt es zu beachten?	- Alle Fälle mit STUND grösser als STNORM sind aus der Berechnung auszuschliessen. - Zur Verarbeitung werden nur solche Lohnkarten gelangen, auf denen eine Anzahl von Stunden grösser als Null ausgewiesen ist.	

1.1. WERDEGANG EINES FORTRAN-PROGRAMMS

Die Vorbereitung zur Ausführung einer Aufgabe auf dem Computer hat einen standardmässigen Ablauf:

Aufgabenstellung ①
Die Aufgabenstellung muss immer schriftlich festgehalten werden. Sie soll die Wünsche des Auftraggebers eindeutig angeben. Andernfalls sind Missverständnisse fast unvermeidbar.

Analyse der Aufgabe und Wahl der Lösungsmethode ②
Die Aufgabe ist genau zu analysieren: Welche Daten sind gegeben, in welcher Form und Anordnung stehen sie zur Verfügung; welche Resultate muss das Programm liefern; in welchem Zusammenhang stehen die Resultate mit den Eingabedaten; welche Restriktionen sind zu berücksichtigen? Bei umfangreichen mathematischen Aufgaben tritt die Untersuchung der Rundungsfehler und der erforderlichen Genauigkeit in den Vordergrund. Die in Frage kommenden Formeln sind herauszufinden und in die korrekte Reihenfolge zu bringen.

ZUSATZINFORMATION

Die Analyse der Aufgabe darf nicht unterschätzt werden. Eingehende Analyse und vernünftige Wahl der Lösungsmethode erspart viel Programmierungs- und Ausführungszeit.

NOTIZEN

③ Blockdiagramm

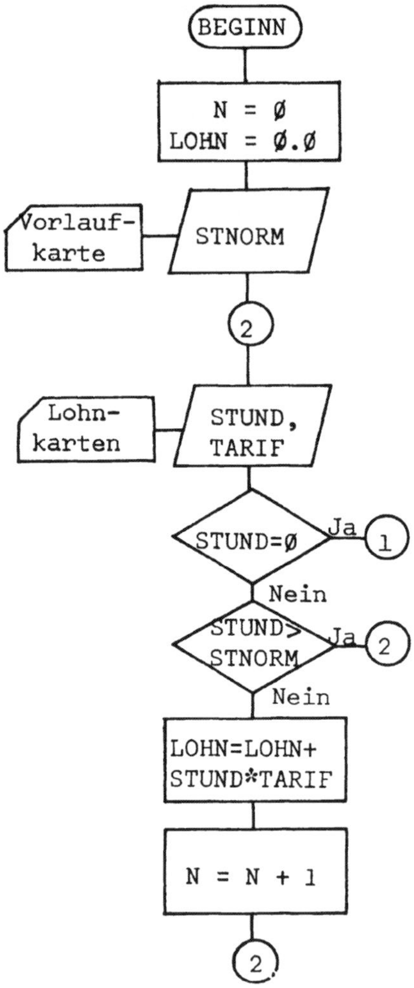

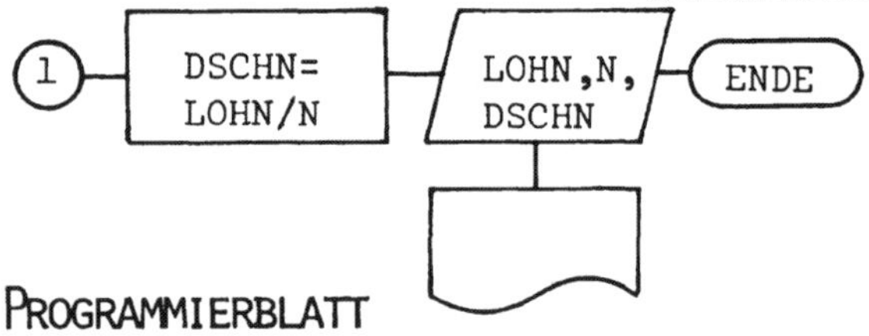

④ Testeingabe

```
Kolonne:          1 2 3 4 5 6 7 8 9 10
Vorlaufkarte:     1 8 0 . 0
1. Lohnkarte:     1 8 0 . 0   5 . 0 0
2. Lohnkarte:     1 8 0 . 5   6 . 5 0
3. Lohnkarte:     1 0 0 . 0   5 . 5 0
Schlusskarte:         0 . 0
```

⑤ Testausgabe

```
..........      900.00

..........      550.00

Summe:        1 450.00
Durchsch.:      725.00
```

⑥ Simulation

	N	STNORM	STUND	TARIF	LOHN	DSCHN	Verzweigung etc.
0.	-	-	-	-	-	-	
1.	0				0.0		
2.		180.0					
3.			180.0	5.00			
4.							180.0 = 0 Nein
5.							180.0 > 180.0 Nein
6.					900.00		
7.	1						
8.			180.5	6.50			
9.							180.5 = 0 Nein
10.							180.5 > 180.0 Ja
11.			100.0	5.50			
12.							100.0 = 0 Nein
13.							100.0 > 180.0 Nein
14.					1450.00		
15.	2						
16.			0.0				
17.							0.0 = 0 Ja
18.						725.00	
19.							Druck: 1450.00/2/725.00
20.							STOP

⑦ Programmierblatt

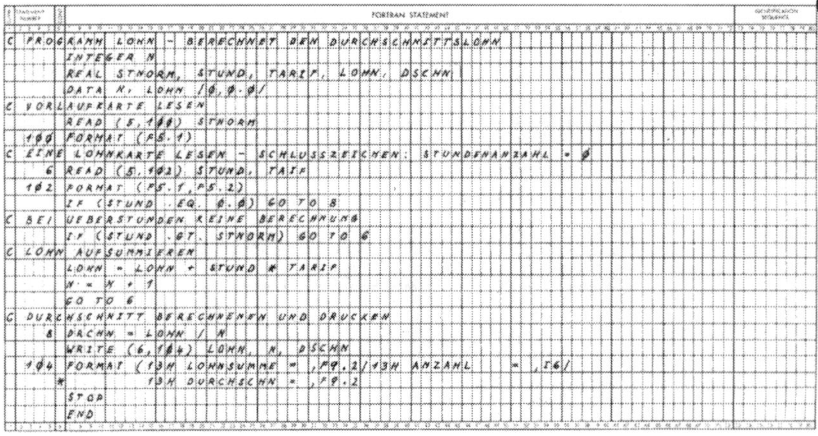

```
C PROGRAMM LOHN - BERECHNET DEN DURCHSCHNITTSLOHN
      INTEGER N
      REAL STNORM, STUND, TARIF, LOHN, DSCHN
      DATA N, LOHN /Ø,Ø.Ø/
C VORLAUFKARTE LESEN
      READ (5,1ØØ) STNORM
  1ØØ FORMAT (F5.1)
C EINE LOHNKARTE LESEN - SCHLUSSZEICHEN: STUNDENANZAHL = Ø
    6 READ (5,1Ø2) STUND, TAIF
  1Ø2 FORMAT (F5.1,F5.2)
      IF (STUND .EQ. Ø.Ø) GO TO 8
C BEI UEBERSTUNDEN KEINE BERECHNUNG
      IF (STUND .GT. STNORM) GO TO 6
C LOHN AUFSUMMIEREN
      LOHN = LOHN + STUND * TARIF
      N = N + 1
      GO TO 6
C DURCHSCHNITT BERECHNENEN UND DRUCKEN
    8 DRCHN = LOHN / N
      WRITE (6,1Ø4) LOHN, N, DSCHN
  1Ø4 FORMAT (13H LOHNSUMME = ,F9.2/13H ANZAHL      = ,I6/
     *        13H DURCHSCHN = ,F9.2
      STOP
      END
```

⑧ Programmkarten

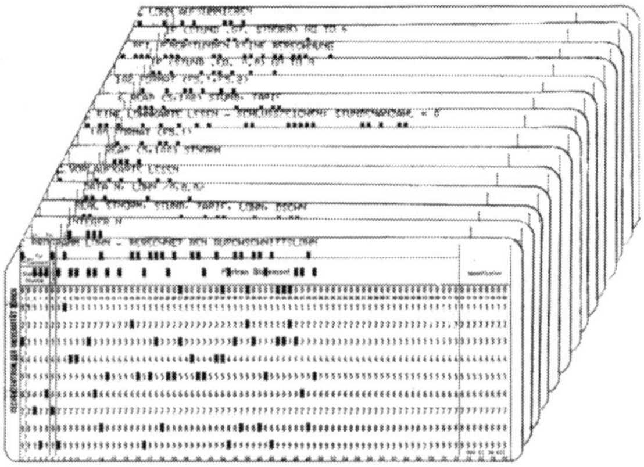

BLOCKDIAGRAMM ③

Der Algorithmus der Aufgabe ist graphisch darzustellen. Der Weg von variablen Eingabedaten zu den gewünschten Resultaten ist in allen Punkten des Arbeitsablaufes eindeutig festzulegen: in Form eines Blockdiagramms. Das Blockdiagramm oder mindestens seine komplizierten Teile sind anhand von Testdaten durchzulaufen. Dadurch wird die spätere Computerausführung simuliert ⑥. Die daraus resultierenden Ergebnisse müssen mit der vorberechneten Testausgabe ⑤ übereinstimmen.
Die Testeingabe ④ sollte die folgenden Eigenschaften aufweisen:
- Alle Zweige des Blockdiagramms sind mindestens einmal zu durchlaufen.
- Jeder Weg sollte nur einmal passiert werden.
- Die Testeingabedaten sind der manuellen Berechnungen wegen einfach zu wählen.
- Alle Extremwerte und kritischen Werte der Eingabe sind zu berücksichtigen.

QUELLENPROGRAMM ⑦

Anhand des überprüften Blockdiagramms wird jetzt das Programm für die Computerausführung geschrieben. Der Programmierer bedient sich dabei einer Programmiersprache. In unserem Fall ist es FORTRAN, was für FORMULA TRANSLATOR steht.
Jede Programmiersprache hat ihre eigenen Regeln - Grammatik und Syntax. Diese Regeln muss der Programmierer genau einhalten.
Das vom Programmierer geschriebene Programm nennen wir Quellenprogramm. Es wird vor der Ausführung vom Computer in das Objektprogramm übersetzt (siehe nächste zwei Seiten). Der Programmierer schreibt sein Quellenprogramm in Programmblätter. Von diesen Blättern werden dann die Programmlochkarten gelocht ⑧. Das besorgt entweder eine Locherin oder (bei kleinen Programmen) der Programmierer selbst.

ZUSATZINFORMATION

Es gibt noch eine andere Methode zur Ueberprüfung des Blockdiagramms: Gleich anschliessend wird das Programm geschrieben, in Karten gelocht und auf dem Computer durchgelassen. Die Resultate werden mit der Testausgabe verglichen und Fehler korrigiert. Glauben Sie mir bitte: das ist eine teure Methode!

NOTIZEN

⑨ KOMPILATION

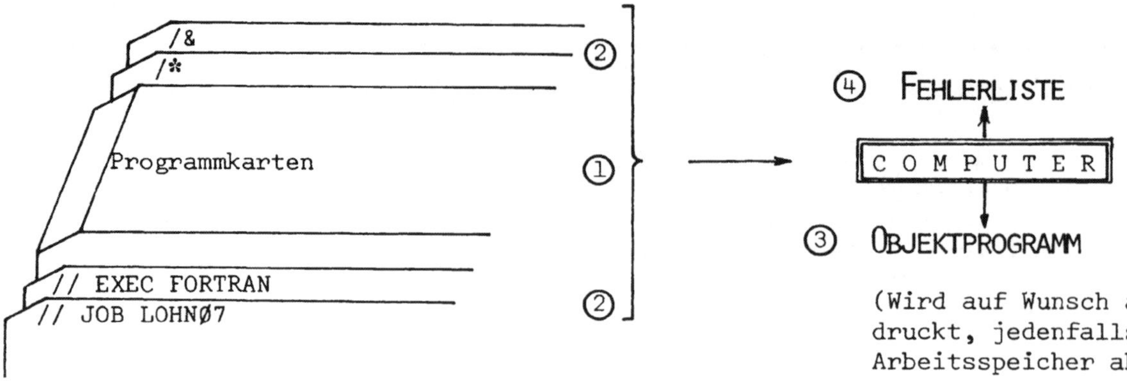

(Wird auf Wunsch ausgedruckt, jedenfalls im Arbeitsspeicher abgelegt)

⑩ PRAKTISCHES PROBESPIEL

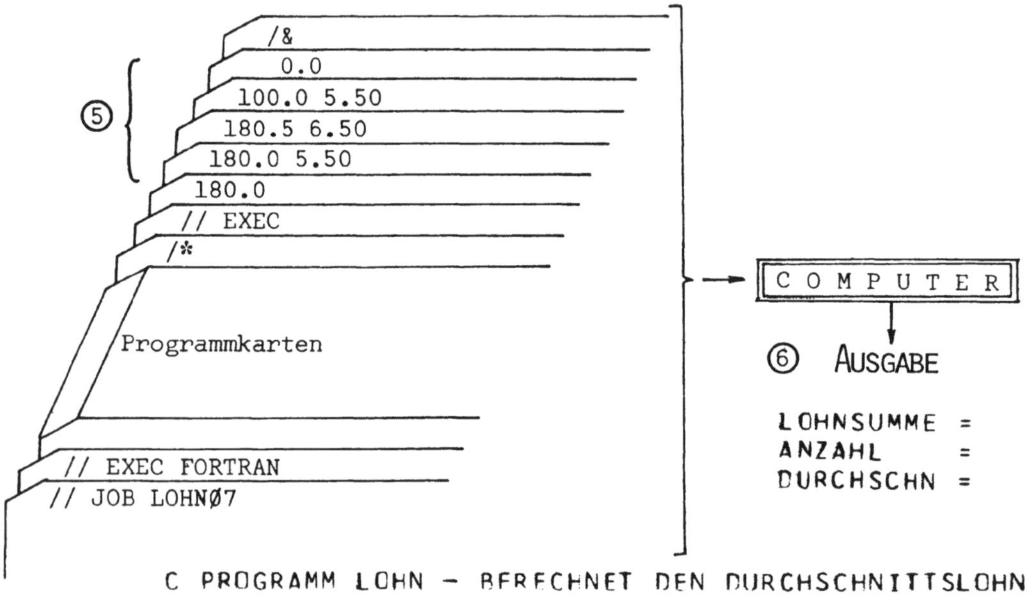


```
LOHNSUMME =    1450.00
ANZAHL    =          2
DURCHSCHN =     725.00
```

⑪ AUSGETESTETES QUELLENPROGRAMM

```
C PROGRAMM LOHN - BERECHNET DEN DURCHSCHNITTSLOHN
      INTEGER N
      REAL STNORM, STUND, TARIF, LOHN, DSCHN
      DATA N, LOHN /0,0.0/
C VORLAUFKARTE LESEN
      READ (5,100) STNORM
  100 FORMAT (F5.1)
C EINE LOHNKARTE LESEN - SCHLUSSZEICHEN: STUNDENANZAHL = 0
    6 READ (5,102) STUND, TARIF
  102 FORMAT (F5.1,F5.2)
      IF (STUND .EQ. 0.0) GO TO 8
C BEI UEBERSTUNDEN KEINE BERECHNUNG
      IF (STUND .GT. STNORM) GO TO 6
C LOHN AUFSUMMIEREN
      LOHN = LOHN + STUND * TARIF
      N = N + 1
      GO TO 6
C DURCHSCHNITT BERECHNENEN UND DRUCKEN
    8 DSCHN = LOHN / N
      WRITE (6,104) LOHN, N, DSCHN
  104 FORMAT (13H LOHNSUMME = ,F9.2/13H ANZAHL    = ,I6/
     *        13H DURCHSCHN = ,F9.2)
      STOP
      END
```

KOMPILATION ⑨

Das Quellenprogramm ① mit den nötigen Steuerkarten ② geben Sie ein und lassen es vom Uebersetzungsprogramm, dem Compiler, in die Maschinensprache, d.h. in das Objektprogramm ③, übersetzen. Sind Verstösse gegen die Regeln der FORTRAN-Sprache vorhanden, so wird auf dem Schnelldrucker eine Fehlerliste ausgedruckt. Diese Fehler müssen in den Programmkarten korrigiert und die Kompilation erneut versucht werden.

PRAKTISCHES PROBESPIEL ⑩

Ausser den Verstössen gegen die Regeln der Programmiersprache sind oft auch logische Fehler vorhanden. Der Compiler meldet zwar keine Fehler, Ihr Programm würde jedoch vielleicht trotzdem fehlerhafte Resultate liefern. Sie müssen also die gleichen Testeingabedaten, welche Sie für die Ueberprüfung des Blockdiagramms benützt haben (oder ähnliche, meistens kompliziertere), durch Ihr Programm verarbeiten lassen ⑤ und mit den vorberechneten Resultaten vergleichen ⑥. Bei Nichtübereinstimmen sind die Programmkarten (oft sogar zuerst das Blockdiagramm) zu korrigieren und neu zu kompilieren.

DAS PROGRAMM IST ZUM GEBRAUCH BEREIT ⑪

Wird das Programm öfters gebraucht, so kann es auf einem externen Speicher-Magnetband, Platte oder Trommel gespeichert werden. Zu jedem Programm muss eine ausreichende und genaue Dokumentation erstellt werden, die den späteren Benützern das Verständnis zum Programm ermöglicht.

ZUSATZINFORMATION

Die logischen Fehler sind meistens schwieriger zu finden, als die Verstösse gegen die Programmiersprache. Ihre Beseitigung nimmt oft erheblich mehr Zeit in Anspruch. Bei der Terminplanung ist das einzuschliessen, um der Verzögerung vorzubeugen.

NOTIZEN

① KOMMENTARZEILEN

```
C
C VORLAUFKARTE LESEN
C
```

② TYPVEREINBARUNG INTEGER

```
      INTEGER N
```

③ TYPVEREINBARUNG REAL

```
      REAL STNORM, STUND, TARIF, LOHN, DSCHN
```

FRAGE	ANTWORT	IHRE LOESUNG
1. INTEGER N gehört	A. einer Steuerkarte an. B. einer Programmkarte an. C. einer Datenkarte an.	
2. // EXEC gehört	A. einer Steuerkarte an. B. einer Programmkarte an. C. einer Datenkarte an.	
3. Die Zahl 3.0 ist vom Typ	A. INTEGER. B. REAL.	

1.2. UNSER ERSTES FORTRAN-PROGRAMM

Schreiben Sie sich bitte das Programm LOHN von Seite I/6 ⑪ auf ein leeres Programmblatt ab. Wir gehen jetzt das Programm gemeinsam durch, um den ersten groben Ueberblick über die FORTRAN-Sprache zu gewinnen. Nehmen Sie sich jedoch die Mühe und vergleichen Sie vorher das Programm Schritt für Schritt mit dem Blockdiagramm auf Seite I/4.

Kommentarzeile

Unser erstes Programm erstreckt sich über das ganze Programmblatt. Sechs Zeilen davon beginnen mit dem Buchstaben C in der ersten Kolonne. Es sind die Kommentarzeilen, welche nur für den Leser des Programms von Bedeutung sind. Sie erleichtern ihm das Verständnis des Programms und ermöglichen eine schnellere Orientierung im Programm. Vom Compiler werden die Kommentarzeilen ignoriert. Anders ausgedrückt: Das Weglassen der Kommentarzeilen oder Zufügen von neuen Kommentarzeilen hat auf das Programm selbst gar keinen Einfluss.

Durch leere Zeilen können Sie die Uebersichtlichkeit Ihres Programms noch steigern ①. Aber Vorsicht! Auch die leeren Zeilen müssen ein C in der ersten Kolonne haben, sonst entsteht beim Drucken des Quellenprogramms auf dem Computer keine leere Zeile.

1.3. TYP-VEREINBARUNG

Wir müssen dem Computer mitteilen, in welcher Form er die Zahlen speichern oder behandeln soll. Grundsätzlich unterscheiden wir:

- Die ganzen Zahlen, welche keinen Dezimalpunkt haben und dem Typ INTEGER angehören ②.
- Die Dezimalzahlen, welche einen Dezimalpunkt beinhalten und dem Typ REAL angehören ③.

Am besten können Sie den Unterschied in der von unserem Programm gedruckten Ausgabe auf Seite I/6 unter Bezugsnummer ⑥ sehen. Für LOHN und DSCHN haben wir in der dritten Zeile unseres Programms den Typ REAL vereinbart, für N in der zweiten Zeile den Typ INTEGER.

Beachten Sie bitte, dass die Eintragung der Typ-Vereinbarung erst in Kolonne 7 des Programmblattes beginnen darf!

(1) Anfangswert durch Einlesen

```
      READ (5,1ØØ) STNORM
      :
      :
      IF (STUND .GT. STNORM) GO TO 6
```

(2) Wertzuweisung durch Ergibt-Anweisung

```
    8 DSCHN = LOHN / N
```

Man sagt: "LOHNdurch N ergibt den neuen Inhalt von DSCHN."
Das Zeichen = wird in FORTRAN "Ergibtzeichen" genannt.

(3) Die einfachste Ergibt-Anweisung

```
      BMAT = AMAT
```

Beispiel:
Inhalte der Speicherplätze vor

BMAT	AMAT
70.0	-33.33

und nach

BMAT	AMAT
-33.33	-33.33

Ausführung von (3)

(4) Anfangswert durch Ergibt-Anweisung

```
      N = Ø
      LOHN = Ø.Ø
```

(5) Anfangswerte durch DATA - Anweisung

```
                INTEGER
      DATA N, LOHN /Ø,Ø.Ø/
                    REAL
```

FRAGE	ANTWORT	IHRE LOESUNG
1. Durch welche Programmzeile auf Seite I/22 wird der Wert von STUND bestimmt ?	A. Durch die 7. Zeile B. Durch die 12.Zeile C. Durch die 13.Zeile	
2. Der Typ von LOHN in (4) wurde .... vereinbart.	A. explizite B. implizite	

1.4. FESTLEGEN DER ANFANGSWERTE

Der Programmierer muss dafür sorgen, dass sich auf einem Speicherplatz immer der gewünschte Wert befindet, wenn der betreffende Speicherplatz vom Programm beansprucht wird.

Dies erzielt der Programmierer mit einer der drei folgenden Methoden.

- Ein Wert wird von einem externen Datenträger eingelesen und auf dem Speicherplatz abgelegt, dessen symbolischer Name in der READ-Anweisung steht ①.
- Es wird der Wert von einem arithmetischen Ausdruck ermittelt und auf dem Speicherplatz abgelegt, dessen Name links von dem Zeichen = steht ②. Diese Operation hat natürlich nur dann Erfolg, wenn alle vom Zeichen = rechts stehenden Speicherplätze mit gewünschten Werten versorgt wurden. Rechts vom Zeichen = darf auch nur ein einziger Name ③ oder eine einzige Zahl ④ stehen. In diesem Fall wird natürlich nichts berechnet, sondern bloss übertragen. Auf diese Weise könnten wir in unserem Programm die Anfangswerte von N und LOHN bestimmen, allerdings in zwei Zeilen und folglich durch zwei Programmkarten ④.
- Durch die DATA-Anweisung können mehreren Speicherplätzen ihre Anfangswerte auf einmal zugewiesen werden. Merken Sie sich aber, dass die DATA-Anweisung nur am Anfang des Programms ein für allemal benützt werden darf und dass Sie die Form dieser Anweisung (wie übrigens aller anderen Anweisungen) genau einhalten müssen. Vergleichen Sie bitte auch die Typen der beiden Namen mit der Schreibweise der Zahlen, die in Schrägstriche eingeschlossen sind. Es ist die vierte Zeile auf Ihrem Programmblatt ⑤.

ZUSATZINFORMATION

Achten Sie bitte immer ganz streng auf die Regeln der betreffenden Programmiersprache, wenn Sie ein Programm schreiben. Andernfalls sind unangenehme Ueberraschungen nicht auszuschliessen. So ist z.B.

A + B = C

für den FORTRAN-Compiler eine unsinnige Zeichenfolge. Auf der linken Seite des Ergibtzeichens kann nur ein einziger Name stehen. Richtig wäre:

C = A + B

NOTIZEN

① READ - ANWEISUNG

③ WOHIN

symbolische Adresse des Speicherplatzes, auf welchem der eingelesene Wert abgelegt werden soll.

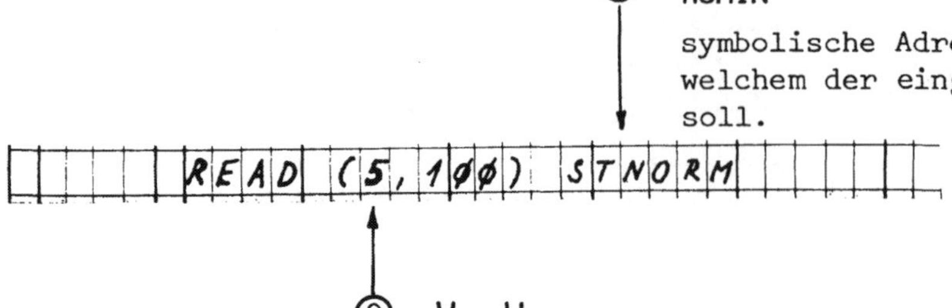

② VON WO

Nummer der Ein/Ausgabeeinheit, z. B. Kartenleser 5
Drucker 6
Kartenstanzer ... 7

④ WRITE - ANWEISUNG

⑥ WELCHE DATEN

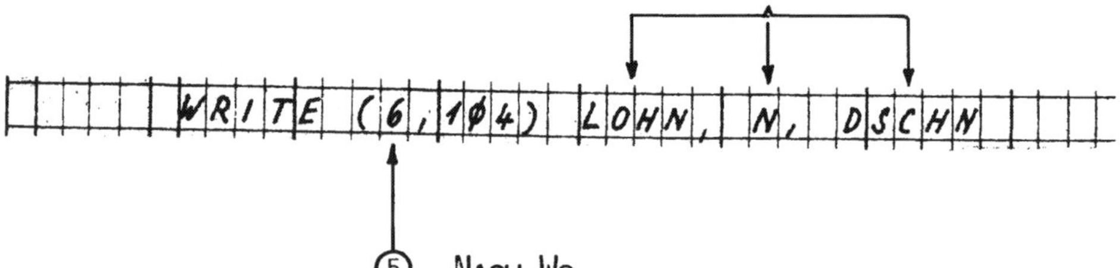

⑤ NACH WO

Nummer der Ein/Ausgabeeinheit

⑦ FORMAT - ANWEISUNG

⑨

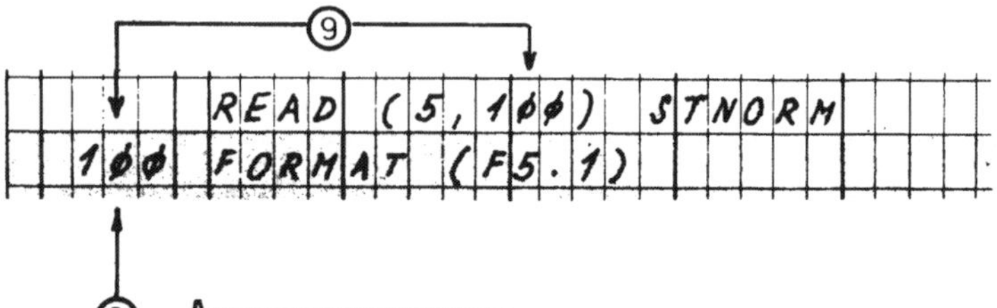

⑧ ANWEISUNGSNUMMER

⑩ ANWEISUNGSNUMMER RECHTSBUENDIG

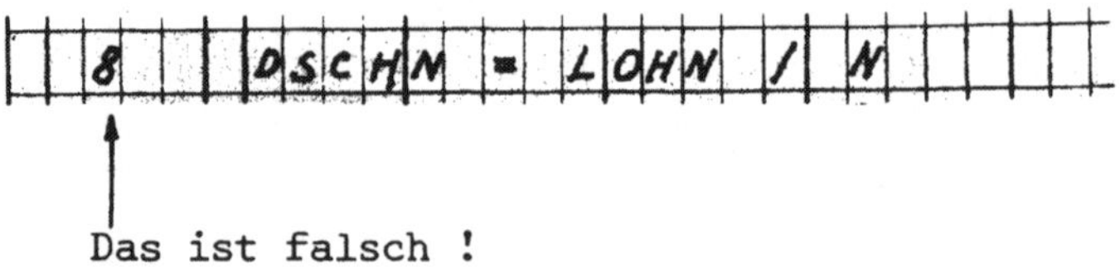

Das ist falsch !

1.5. EIN-/AUSGABEANWEISUNGEN

Die READ-Anweisung ① sagt dem Computer woher (von welcher Eingabeeinheit) er lesen soll ② und wohin der eingelesene Wert im Arbeitsspeicher abzulegen ist ③.

Ich höre schon Ihren Einwand: Die Frage "woher?" wurde noch nicht ganz beantwortet. Ja, Sie haben recht. Den Rest der Antwort gibt die FORMAT-Anweisung, die wir in Kürze untersuchen werden. Nun aber noch etwas über die Ausgabe:
Die WRITE-Anweisung ④ sagt dem Computer, wo (auf welcher Ausgabeeinheit) er die Ausgabedaten plazieren soll ⑤ und welche Speicherplätze die Ausgabedaten liefern ⑥.

1.6. FORMAT-ANWEISUNG ⑦

Dieser Anweisung widmen wir ein ganzes Kapitel. In diesem kurzen Ueberblick über die geläufigsten Elemente der FORTRAN-Sprache sehen wir uns nur einige Beispiele an.

Die Verbindung zwischen einer Ein-/Ausgabeanweisung und der FORMAT-Anweisung wird durch die Anweisungsnummer ⑧ der FORMAT-Anweisung hergestellt ⑨.

Die Anweisungsnummer muss in den Kolonnen 2 bis 5 rechtsbündig eingetragen werden ⑩ .

ZUSATZINFORMATION

Die Nummern der Ein-/Ausgabeeinheiten sind von Computer zu Computer verschieden. Sie müssen sich darüber von Ihrem Anlagechef orientieren lassen.

NOTIZEN

① GROESSE DER ANWEISUNGSNUMMERN

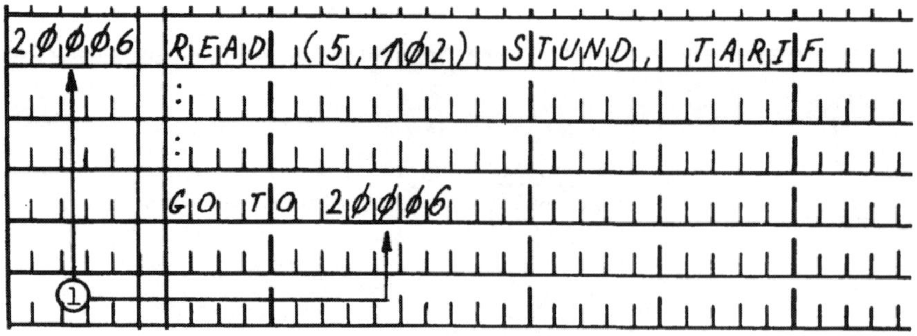

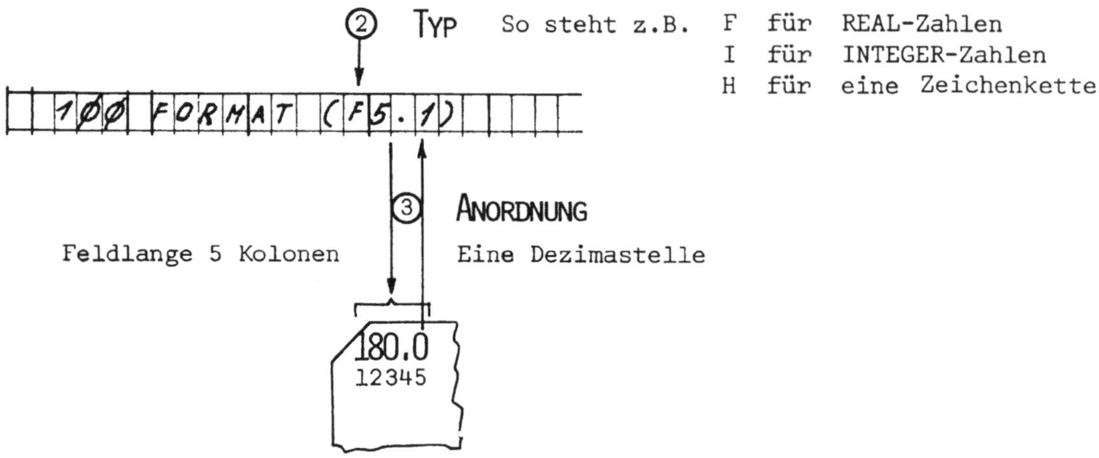

⑤ DIE GLEICHE REIHENFOLGE

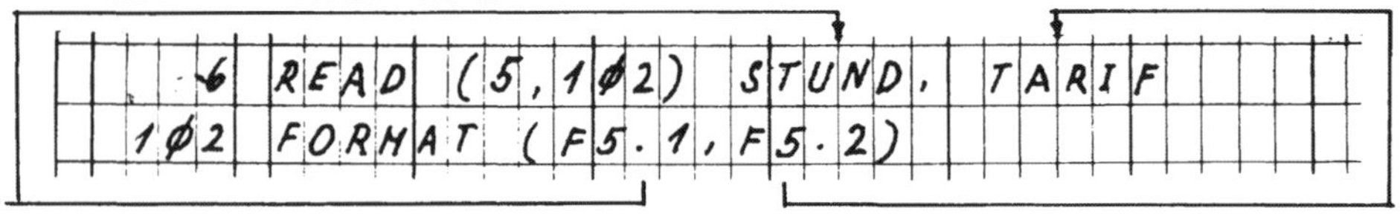

④ KOMMA ALS TRENNZEICHEN

⑥ FORTSETZUNGSZEICHEN

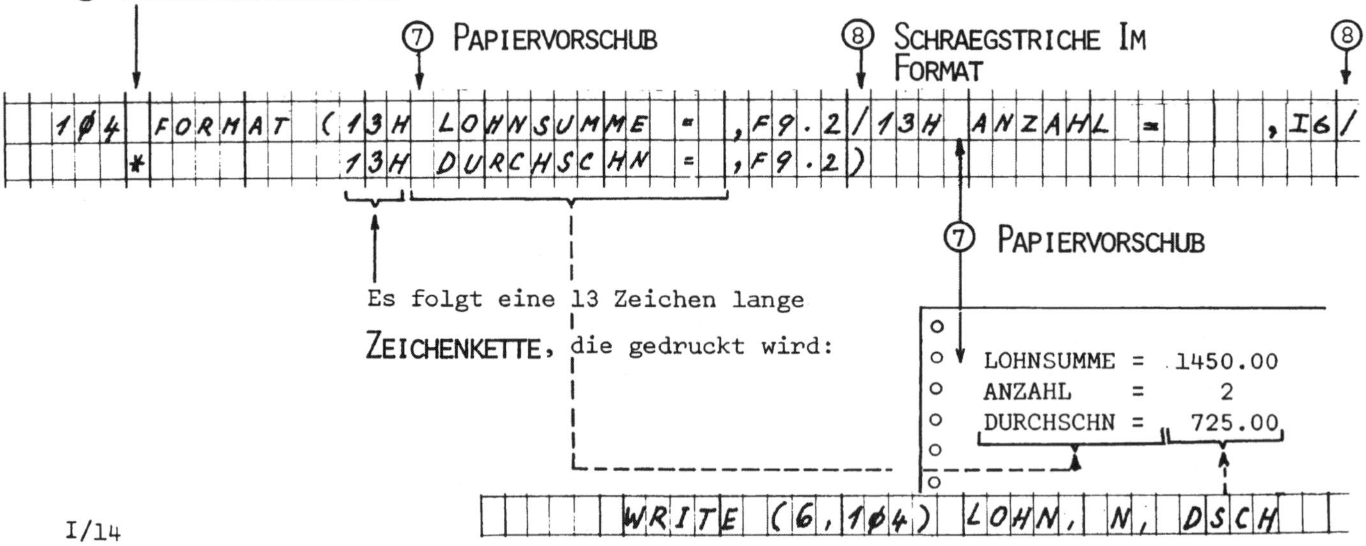

Die Anweisungsnummern sind in zwei Situationen notwendig:

- Als Ziel von einem Sprung entspricht die Anweisungsnummer dem Konnektor im Blockdiagramm. Vergleichen Sie bitte die Verzweigungsblöcke und ihre Fortsetzungen im Blockdiagramm auf Seite I/6 mit den Zeilen 11 und 13 in Ihrem Programm.
- Als Verbindungsglied zwischen einer Ein-/Ausgabeanweisung und ihrem FORMAT.

Um diese zwei verschiedenen Situationen besser zu überblicken, wählen wir für Sprünge die Anweisungsnummern zwischen 1 und 99, wenn möglich übereinstimmend mit dem Blockdiagramm. Für FORMATE benützen wir die Anweisungsnummern von 100 an aufwärts. Diese Vereinbarung gehört allerdings nicht zu den FORTRAN-Regeln. Es erleichtert bloss das Lesen des Programms. Die Nummernbereiche können Sie auch anders wählen, z.B. Formate von 1 bis 999 und Sprünge von 1000 an aufwärts. Wichtig ist, dass man ein für allemal das gleiche Prinzip anwendet.

Für verschiedene Computer ist die höchste erlaubte Anweisungsnummer auch verschieden. Sie müssen sich von Ihrem Anlagechef beraten lassen. So erlauben z.B. die grösseren Computer bis zu 32767 Anweisungsnummern, sodass die erste Kolonne für die Zehntausenderstelle der Anweisungsnummer benützt werden darf ①.

Nun besprechen wir die Beispiele der FORMAT-Anweisung:

In der Klammer wird beschrieben:

- Von welchem Typ die Daten sind ②.
- Wie das Datum angeordnet ist ③.

Die Formatangaben innerhalb der Klammer werden voneinander durch Kommas getrennt ④ und sie müssen in der gleichen Reihenfolge stehen wie die Namen ⑤.

Findet eine Anweisung in einer Programmzeile nicht Platz, müssen die Fortsetzungszeilen in Kolonne 6 des Programmblattes gekennzeichnet werden ⑥. Man benützt dazu oft ein Sternchen, einen Bindestrich oder die Zeichen 1, 2, 3, ... 9, A, ... Es sind insgesamt 19 Fortsetzungszeilen erlaubt.

Die erste Druckposition wird für die Steuerung des Papierschubs benützt. Deswegen darf sie nur zu diesem Zweck verwendet werden. Leerstelle ⑦ bedeutet: Vorschub um eine Zeile. Die Ziffer 1 auf dieser Stelle würde den Vorschub auf erste Zeile einer neuen Seite bedeuten, ein Pluszeichen würde den Vorschub unterdrücken usw.

Wenn ein Schrägstrich in der Klammer vorkommt, bedeutet es entweder neue Karte einlesen oder zum linken Rand der Druckvorrichtung zurückkehren ⑧. Untersuchen Sie sorgfältig das letzte Beispiel auf Seite I/14!

Unbedingter und bedingter Sprung

```
     6 READ (5,1Ø2) STUND, TARIF
   1Ø2 FORMAT (F5.1,F5.2),
       IF (STUND .EQ. Ø.Ø) GO TO 8
C BEI   UEBERSTUNDEN KEINE BERECHNUNG
       IF (STUND .GT. STNORM) GO TO 6
C LOHN  AUFSUMMIEREN
       LOHN = LOHN + STUND * TARIF
       N = N + 1
       GO TO 6
C DURCHSCHNITT BERECHNEN UND DRUCKEN
     8 DSCHN = LOHN / N
       WRITE (6,1Ø4) LOHN, N, DSCHN
```

Vergleichen Sie bitte den obigen Ausschnitt aus unserem ersten Programm mit seinem Blockdiagramm (Seite I/4):

Der unbedingte Sprung entspricht immer einem Konnektor:

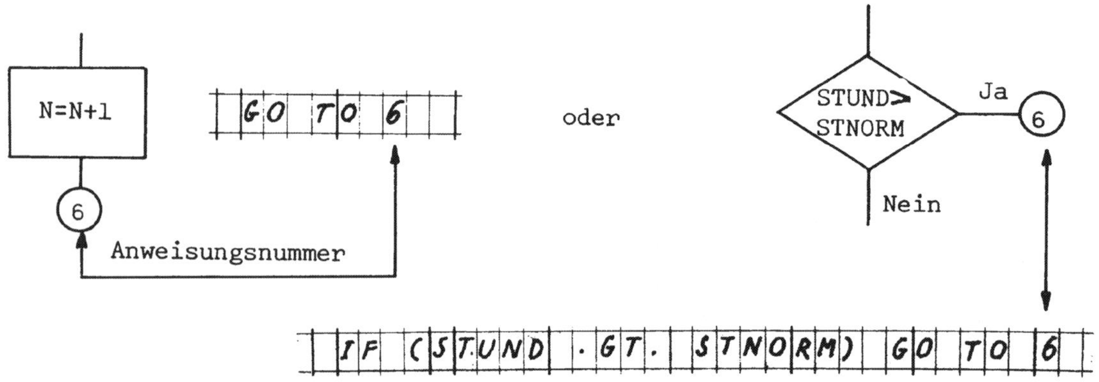

Der bedingte Sprung entspricht immer einem Verzweigungsblock:

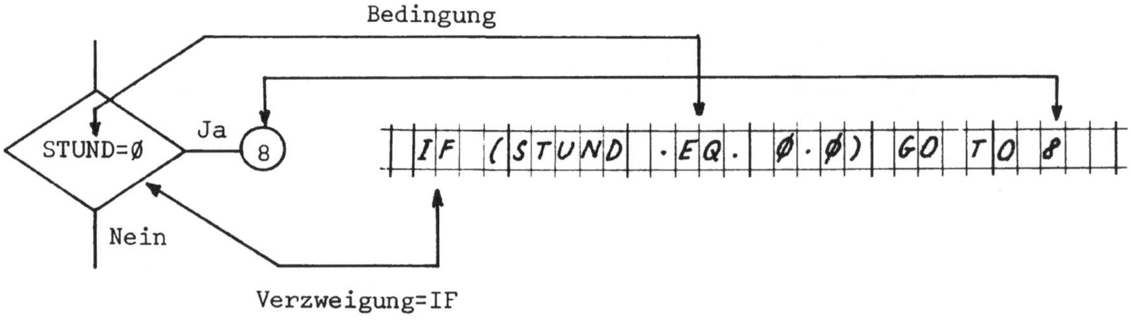

1.7. STEUERANWEISUNGEN

Das Programm wird grundsätzlich sequentiell ausgeführt. Nach Ausführung einer Anweisung wird die nächste Anweisung in Angriff genommen. Wir müssen aber die Möglichkeit haben, bei Bedarf diese sequentielle Ausführung zu ändern. Dies geschieht durch die Steueranweisungen, von denen wir jetzt allerdings nur zwei Arten besprechen. Es sind:

a) der unbedingte Sprung: GO TO Anweisungsnummer ①
b) der bedingte Sprung: IF (Bedingung) GO TO Anweisungsnummer ②

Ueber den bedingten Sprung müssen wir uns folgendes merken:

Ist die in Klammer stehende Bedingung erfüllt, wird die anschliessende GO-TO-Anweisung durchgeführt, andernfalls wird sie ignoriert und die nächste Anweisung durchgeführt.

Beispiel ③: Ist der Inhalt des Speicherplatzes STUND tatsächlich grösser, als der Inhalt von STNORM, springt das Programm zu der Anweisung mit der Nummer 6:
6 READ (5,1Ø2) STUND, TARIF.
Ist jedoch STUND nicht grösser als STNORM, setzt die Ausführung des Programms bei
LOHN = LOHN + STUND * TARIF fort.

Im bedingten Sprung darf anstelle "GO TO Anweisungsnummer" auch eine Anweisung stehen, wie z.B. "IF (A.GT.B) STOP". Die Ausnahmen dieser Regel werden wir erst später kennenlernen.

ZUSATZINFORMATION

Die Anweisungsnummern sollen in jedem FORTRAN-Programm ihrer letzten Ziffer nach womöglich regelmässig in Gruppen 0 und 1, 2 und 3, 4 und 5, 6 und 7, 8 und 9 verteilt werden. Dadurch wird die Uebersetzung des Quellenprogramms beschleunigt. Warum? Das würde uns zu weit führen. Wir bringen diese Zusatzinformation nur, um Ihnen zu zeigen, dass bei der Programmierung auch z.B. die Bezeichnungen der Konnektor abgeändert werden müssen, wenn es die Optimierung des Programms verlangt. Uebrigens, die erwähnte Regel über die letzte Ziffer der Anweisungsnummer gilt nur bei bestimmten Compilern. Sie sehen also: Bevor wir für einen bestimmten Computer Programme schreiben, müssen wir den betreffenden Compiler genau studieren.

(1) LOGISCHER AUSDRUCK

(2) VERGLEICHSOPERATOR

(3) WERT

```
IF (STUND .GT. STNORM) GO TO 6
```

(4) NUR KONSTANTEN ALS WERTE

```
IF (7 .GT. 4) GO TO 6
```

Immer erfüllt

(5) EIN NAME UND EINE KONSTANTE IM LOGISCHEN AUSDRUCK

```
IF (STUND .EQ. Ø.Ø) GO TO 8
```

(6) ARITHMETISCHER AUSDRUCK IM LOGISCHEN AUSDRUCK

```
IF (N .EQ. MAX - K) STOP
```

oder

```
IF (BL .GT. AMIN * (BET - W/2.)) GO TO 5
```

(7) ZWEI ARITHMETISCHE AUSDRUECKE

```
IF (N - 1 .EQ. MAX - K * 3) GO TO 7
```

(8) NULL ALS DIE KLEINSTE ABSOLUTE DARSTELLBARE ZAHL

REAL STUND: $0.0 * 10^{0}$ — Wahre Null

oder (Beispiel)

REAL STUND: $0.1 * 10^{-38}$ — Praktische Null

(0.000 000 000 000 000 000 000 000 000 000 000 000 001)

VERGLEICH .EQ. BEI REAL-NAMEN

(9)

```
IF (ABS(STUND) .LT. Ø.1) GO TO 8
```

(10)

```
IF (IFIX(STUND) .EQ. Ø) GO TO 8
```

In der Klammer nach dem IF steht ein logischer Ausdruck ①. In seiner einfachsten Form besteht er aus einem Vergleichsoperator in der Mitte ② und aus einem Wert links und rechts des Operators ③. Diese Werte müssen vom gleichen Typ sein.

Die Werte können angegeben werden durch
- Namen der Speicherplätze ③; dann vergleicht der Computer die Inhalte dieser Speicherplätze.
- Konstanten ④, was jedoch keinen Sinn hat, denn dadurch reduziert sich der bedingte Sprung auf einen unbedingten.
- Einen Namen und eine Konstante ⑤, was oft vorkommt.
- Einen arithmetischen Ausdruck und einen Namen oder eine Konstante ⑥.
- Zwei arithmetische Ausdrücke ⑦.

Die Vergleichsoperatoren sind:

.EQ.	...	gleich .... =	.GE.	...	grösser als oder gleich .. ≥
.NE.	...	ungleich .... ≠	.LT.	...	kleiner als .... <
.GT.	...	grösser als .... >	.LE.	...	kleiner als oder gleich .. ≤

Wichtige Bemerkung: Die Null kann auf einem Speicherplatz mit einem REAL-Namen entweder als Null oder als die kleinste noch darstellbare Zahl stehen ⑧. Im letzteren Fall würde der Vergleich IF (STUND.EQ.Ø.Ø) mit NEIN bewertet, obwohl STUND praktisch gesehen eine Null enthält. Der Unterschied entsteht rein hardwaremässig, durch Darstellung der Zahlen im Computer. Dies kann man folgendermassen umgehen:
- Entweder wird der absolute Wert (also ohne Rücksicht auf Vorzeichen) mit einer sehr kleinen Zahl verglichen - man benützt dazu die im Compiler enthaltene Funktion ABS(X) ⑨.
- Oder der betreffende Name wird auf den Typ INTEGER durch eine andere fest eingebaute Funktion umgewandelt ⑩.

ZUSATZINFORMATION

.EQ. steht für EQUAL
.NE. steht für NOT EQUAL
.GT. steht für GREATER THAN
.GE. steht für GREATER THAN OR EQUAL
.LT. steht für LESS THAN
.LE. steht für LESS THAN OR EQUAL

NOTIZEN

① ERGIBTANWEISUNG

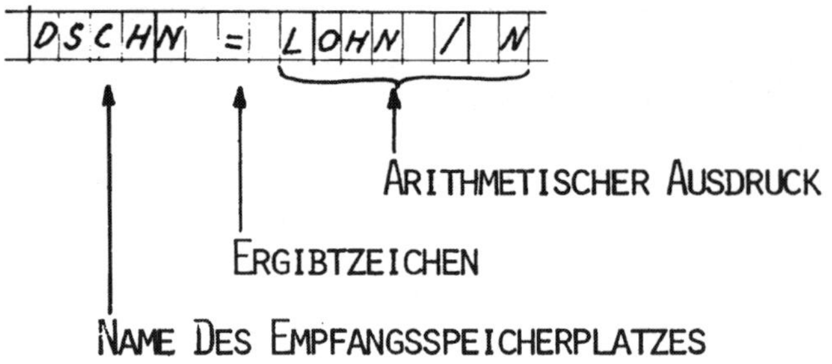

② INHALTE DER SPEICHERPLAETZE DSCHN, LOHN UND N

(Beispiel)

VOR

DSCHN	LOHN	N
Inhalt unbekannt	1450.00	2

NACH

DSCHN	LOHN	N
725.00	1450.00	2

AUSFUEHRUNG DER ERGIBTANWEISUNG DSCH = LOHN/N

③ FORTRAN - SCHREIBWEISE DER ARITHMETISCHEN AUSDRUCKE

Mathematisch	in FORTRAN
$a + b$	A + B
$a - b$	A - B
$a \cdot b$	A*B
$a/b \quad \frac{a}{b}$	A/B
a^b	A**B
$3(a+2b-c^2)$	3*(A+2*B-C**2)
$\frac{(a+b-c)^2}{3a+c}$	((A+B-C)**2)/(3*A+C)

1.8. ERGIBTANWEISUNG

Wir haben schon auf Seite I/10 die Ergibtanweisung erwähnt. Ihre Form ist sehr einfach ①.

Sie wissen bereits, dass wir das Gleichheitszeichen in FORTRAN als .EQ. schreiben müssen. Das Zeichen = steht im FORTRAN immer in einer Ergibtanweisung. Es bedeutet folgendes: das Resultat des arithmetischen Ausdrucks von der rechten Seite ergibt den neuen Inhalt des Speicherplatzes, dessen Namen auf der linken Seite steht ②.

Der arithmetische Ausdruck auf der rechten Seite des Ergibtzeichens wird ähnlich, jedoch nicht gleich dargestellt, wie in der Mathematik. Beachten Sie bitte die Unterschiede ③.

Die Reihenfolge, in der ein arithmetischer Ausdruck durch den Computer aufgelöst wird, ist die folgende:
- Zuerst werden die Inhalte der Klammern berechnet und zwar mit der innersten Klammer beginnend.
- Die arithmetischen Operationen werden wie folgt ausgeführt:
    - zuerst das Potenzieren
    - dann die Multiplikation und Division
    - zuletzt die Addition und Subtraktion.
- Kommen mehrere Operationen der gleichen Priorität in einem arithmetischen Ausdruck vor, so werden sie von links nach rechts durchgeführt.

ZUSATZINFORMATION

Der arithmetische Ausdruck
A = B * C + (D - E/F) ** G - H
wird in den folgenden Schritten aufgelöst:

1. E/F
2. D-[E/F] (wobei E/F schon bekannt ist)
3. [(D-E/F)] ** G
4. B * C
5. [B * C]+[(D-E/F) ** G]
6. [B * C + (D-E/F) ** G]- H
7. Das Resultat vom 6. Schritt wird auf dem Speicherplatz A abgelegt.

NOTIZEN

← Seite I/18

COMM. | STATEMENT NUMBER | CONT. | FORTRAN STATEMENT

```
(1)      C PROGRAMM LOHN - BERECHNET DEN DURCHSCHNITT
(7) (9)    100 FORMAT (F5.1)
(7) (9)    1Ø2 FORMAT (F5.1,F5.2)
(7) (9)    1Ø4 FORMAT (13H LOHNSUMME =  ,F9.2/13H ANZ
              *             13H DURCHSCHN =  ,F9.2
(2)              INTEGER N
(2)              REAL STNORM, STUND, TARIF, LOHN, DSC
(4)              DATA N, LOHN /Ø,Ø.Ø/
(1)      C VORLAUFKARTE LESEN
(6)              READ (5,1ØØ) STNORM
(1)      C EINE LOHNKARTE LESEN - SCHLUSSZEICHEN: S
(6)          6   READ (5,1Ø2) STUND, TARIF
(11)             IF (STUND .EQ. Ø.Ø) GO TO 8
(1)      C BEI UEBERSTUNDEN KEINE BERECHNUNG
(11)             IF (STUND .GT. STNORM) GO TO 6
(1)      C LOHN AUFSUMMIEREN
                 LOHN = LOHN + STUND * TARIF
                 N = N + 1
(11)             GO TO 6
(1)      C DURCHSCHNITT BERECHNEN UND DRUCKEN
             8   DSCHN = LOHN / N
                 WRITE (6,1Ø4) LOHN, N, DSCHN
(12)             STOP
                 END
```

1 2 3 4 5 6 7 8 9 10 11 12 13 14 15 16 17 18 19 20 21 22 23 24 25 26 27 28 29 30 31 32 33 34 35 36 37 38 39 40 41 42

*A standard card form, IBM electro 888157, is available for punching statements from this form

(7) (arrow to 1Ø4 in WRITE statement)

(3) (3)

```
                 BLOHN = BLOHN + STUND * TARIF
```

```
(5)              N = Ø
                 LOHN = Ø.Ø
```

```
(8)          1   READ (5,1ØØ) NR, BETR
(11)             IF (NR.EQ.-1) STOP
(11)             IF (BETR.GE.Ø.Ø) GO TO 1
(8)              WRITE (6,1ØØ) NR, BETR
(8)        1ØØ   FORMAT (1ØX,I5,F9.2)
(11)             GO TO 1
(10)             END
```

1.9. STOP UND END-ANWEISUNGEN

Die allerletzte Anweisung in jedem FORTRAN-Programm ist die END-Anweisung. Sie gibt dem Compiler an, dass die Uebersetzung des Quellenprogramms in das Objektprogramm beendet werden darf - und muss.

Die STOP-Anweisung bringt den Computer zum stehen bei der Ausführung des schon übersetzten Programms. Deswegen erscheint die STOP-Anweisung am logischen Ende des Programms ⑫ .

1.10. ZUSAMMENFASSUNG

a) Es ist empfehlenswert, die FORTRAN-Programme durch Kommentar-Zeilen dem Leser verständlich zu machen ①.

b) Für jeden Namen muss im FORTRAN-Programm der Typ vereinbart werden, und zwar auch wenn der betreffende Name zum erstenmal in einer Anweisung erscheint. Dies ist die explizite Typvereinbarung ②.

c) Die Typvereinbarung kann auch implizit erfolgen, indem wir alle INTEGER-Namen mit I, J, K, L, M oder N beginnen und alle REAL-Namen mit anderen Buchstaben als I, J, K, L, M oder N ③.

d) In der Ausführungszeit muss jedem Namen ein bestimmter Wert zugewiesen werden. Dies erfolgt entweder durch die DATA-Anweisung ④, oder durch Ergibtanweisung ⑤, oder durch READ-Anweisung ⑥.

e) Jeder Ein-/Ausgabeanweisung muss ein FORMAT durch seine Anweisungs-nummer zugeordnet werden ⑦. Mehrere Ein-/Ausgabeanweisungen dürfen sich auf die gleiche FORMAT-Anweisung beziehen ⑧. Die FORMAT-Anweisung darf an beliebiger Stelle des Programms geschrieben werden ⑨ mit Ausnahme der letzten Zeile des Programms, wo die END-Anweisung stehen muss ⑩ .

f) Die sequentielle Reihenfolge der Ausführung eines FORTRAN-Programms kann durch Steueranweisungen verändert werden ⑪ .

Aufruf eines Unterprogramms

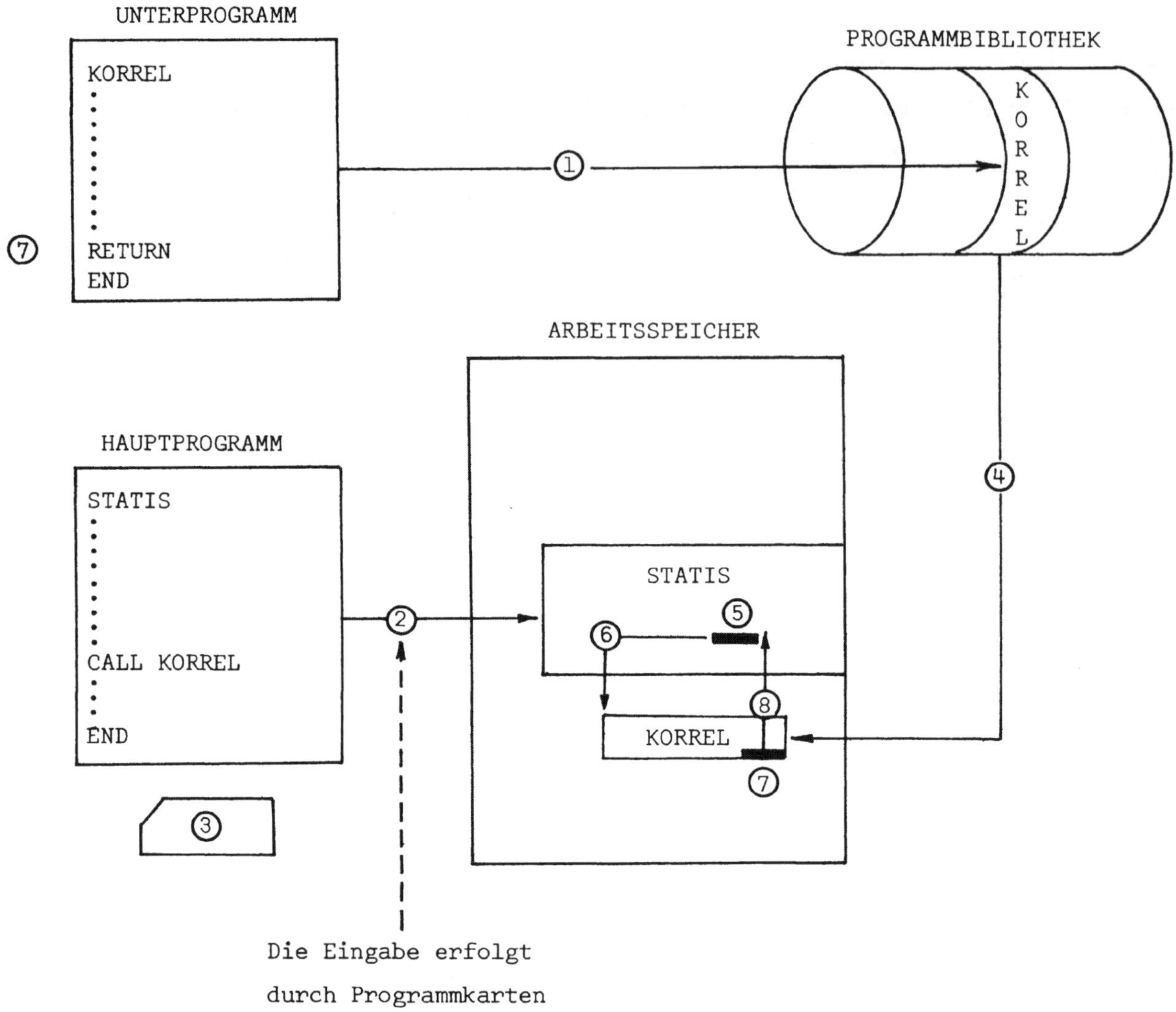

FRAGE	ANTWORT	IHRE LOESUNG
1. Im obigen Schema stellt RETURN	A. ein Unterprogramm dar. B. den Rücksprung in das Hauptprogramm dar. C. den Rücksprung in das Unterprogramm dar.	◯
2. KORREL kann nur im Zusammenhang mit STATIS kompiliert werden.	A. Falsch. B. Richtig. C. Der Satz hat keinen Sinn.	◯
3. KORREL könnte auch auf einem Magnetband oder sogar in Form eines Lochkartenstapels gespeichert werden.	A. Falsch. B. Richtig. C. Der Satz hat keinen Sinn.	◯

1.11. UNTERPROGRAMME

Um den Ueberblick über die FORTRAN-Sprache zu vervollständigen, berühren wir noch eine wichtige Möglichkeit - die Unterprogrammtechnik.

Auf allen Anwendungsgebieten gibt es gewisse Programmteile, die sich oft wiederholen. So sind z.B. Sinuswerte zu ermitteln oder Korrelationskoeffizienten zu berechnen. Es ist möglich, solche Berechnungen nur einmal zu programmieren und später bei Bedarf von der Programmbibliothek diese Unterprogramme aufzurufen.

Das Unterprogramm wird unabhängig von allen anderen Programmen geschrieben, ausgetestet und unter seinem Namen in der Programmbibliothek (auf Magnetband, Platte oder Trommel) abgelegt ①.

Das Hauptprogramm ("Haupt" vom Standpunkt des Unterprogramms, sonst ist es ein ganz gewöhnliches Programm) wird in die Maschinensprache übersetzt und im Arbeitsspeicher abgelegt ②. Anschliessend wird das gewünschte Unterprogramm anhand einer Steuerkarte ③ in den Arbeitsspeicher übertragen ④.

Wenn die Ausführung des Hauptprogramms zu dem in Maschinensprache übersetzten Aufruf ⑤ gelangt, erfolgt automatisch ein Sprung zum Anfang des Unterprogramms ⑥. Das Unterprogramm wird ausgeführt und anhand der RETURN-Anweisung ⑦ wird in das Hauptprogramm zurückgesprungen ⑧ und in seiner Ausführung fortgefahren.

Auf den nächsten acht Seiten lernen Sie drei Arten der Unterprogramme kennen. Als Auftakt wurde jedoch - der wichtigen Frage der Uebergabe von Daten an das Unterprogramm wegen - eine andere Möglichkeit behandelt, wie sich der Programmierer ohne Programmbibliothek die Arbeit erleichtern kann.

ZUSATZINFORMATION

Die Unterprogrammtechnik bietet die Möglichkeit der Einführung des Baukastenprinzips in die Programmierung. Einmal erfolgreich gelöste Teilprobleme können in der Programmbibliothek katalogisiert werden. Aus diesen Modula (Unterprogrammen) können dann beliebige gewünschte Programme ohne viel Programmierungsaufwand zusammengestellt werden.

NOTIZEN

BLOCKDIAGRAM FUER LOESUNG VON ZWEI LINEAREN GLEICHNUNGEN

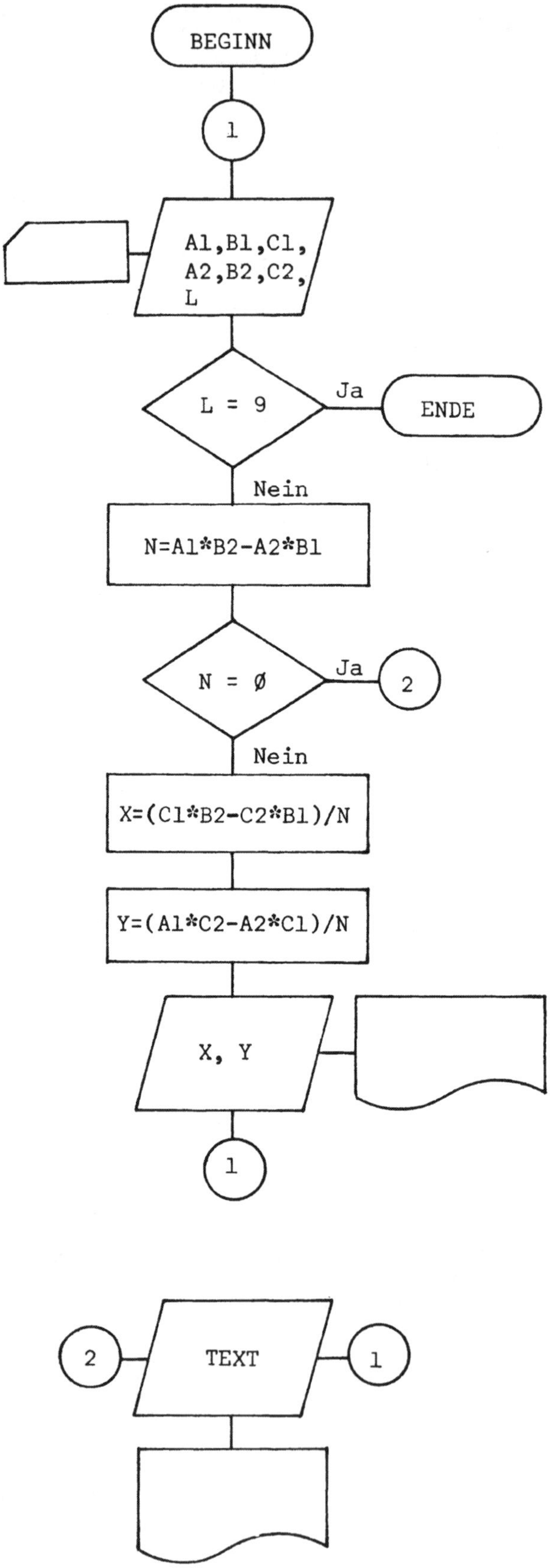

1.12. ANWEISUNGSFUNKTION

Wir schreiben jetzt gemeinsam ein Programm, welches ein System von zwei linearen Gleichungen löst und die Resultate druckt.

Das Gleichungssystem

$$\begin{Bmatrix} a_1x + b_1y = c_1 \\ a_2x + b_2y = c_2 \end{Bmatrix} \text{ hat die Lösung } \begin{Bmatrix} x = (c_1b_2 - c_2b_1) : (a_1b_2 - a_2b_1) \\ y = (a_1c_2 - a_2c_1) : (a_1b_2 - a_2b_1) \end{Bmatrix},$$

wenn der Nenner verschieden von Null ist, wenn also $a_1b_2 \neq a_2b_1$.

Mit Determinanten ausgedrückt ist die Lösung

$$x = \frac{\begin{vmatrix} c_1 & b_1 \\ c_2 & b_2 \end{vmatrix}}{\begin{vmatrix} a_1 & b_1 \\ a_2 & b_2 \end{vmatrix}} \qquad y = \frac{\begin{vmatrix} a_1 & c_1 \\ a_2 & c_2 \end{vmatrix}}{\begin{vmatrix} a_1 & b_1 \\ a_2 & b_2 \end{vmatrix}}, \qquad \text{wobei } \begin{vmatrix} a_1 & b_1 \\ a_2 & b_2 \end{vmatrix} \neq 0.$$

Wenn $a_1b_2 = a_2b_1$ ist das Gleichungssystem unlösbar. In diesem Fall soll der Satz "DET KLEINER ALS 0.001 FUER" folgen, worauf die sechs Koeffizienten a_1, b_1, c_1, a_2, b_2 und c_2 aufgeführt werden.

Die Koeffizienten der jeweils zwei Gleichungen des Systems sind in Eingabekarten gelocht:

Kolonnen 1- 4	... a_1	mit 1 Dezimalstelle
5- 8	... b_1	-"-
9-12	... c_1	-"-
13-16	... a_2	-"-
17-20	... b_2	-"-
21-24	... c_2	-"-
25	... Null, reserviert für Schlusszeichen (9)	

Ausgabemuster:

Druckpositionen:

```
   1 Leer
2- 5 X=
6-12 Der Wert von X mit 2 Dezimalstellen
   1 Leer
2- 5 Y=
6-12 Der Wert von Y mit 2 Dezimalstellen
Nächste Zeile soll leer bleiben.
```

Testeingabe:

```
         1         2
1234567890123456789012345
05.0-3.0-6.5-0.204.002.20
01.100.102.522.002.050.00
00.002.014.003.0-0.201.60
00.000.000.000.000.000.09
```

Testausgabe:

```
X =   -6.50
Y =    2.20
DET KLEINER ALS 0.001 FUER   1.1  0.1  2.5 22.0  2.0 50.0
X =   14.00
Y =    1.60
```

Auf seite I/26 finden Sie das Blockdiagramm zu dieser Aufgabenstellung.

ANWEISUNGSFUNKTION

```
C  STATEMENT NUMBER  CONT.  FORTRAN STATEMENT
C PROGRAMM MATHØ1 - ZWEI LINEARE GLEICHUNGEN                  ③
      INTEGER L
      REAL A1,B1,C1,A2,B2,C2,N,X,Y,DET,R1,R2,S1,S2
C ANWEISUNGSFUNKTION FUER DIE DETERMINANTE
①     DET (R1,R2,S1,S2) = R1 * S2 - R2 * S1
C KOEFF-KARTE LESEN - SCHLUSSZEICHEN L = 9
    6 READ (5,1ØØ) A1,B1,C1,A2,B2,C2,L
  1ØØ FORMAT (6F4.1,I1)
      IF (L .EQ. 9) STOP
C LOESBARKEIT PRUEFEN - N IST NENNER
②     N = DET (A1,A2,B1,B2)
      IF (ABS(N) .LT. Ø.ØØ1) GO TO 8
C UNBEKANNTEN BERECHNEN UND DRUCKEN
②     X = DET (C1,C2,B1,B2) / N
②     Y = DET (A1,A2,C1,C2) / N
      WRITE (6,1Ø2) X, Y
  1Ø2 FORMAT (5H X = ,F7.2/5H Y = ,F7.2/)
      GO TO 6
C UNLOESBARKEIT MELDEN
    8 WRITE (6,1Ø4) A1,B1,C1,A2,B2,C2
  1Ø4 FORMAT (28H DET KLEINER ALS Ø.ØØ1 FUER ,6F5.1)
      GO TO 6
      END
```

*A standard card form, IBM electro 888157, is available for punching statements from this form.

AUFRUF DER ANWEISUNGSFUNKTION

FRAGE	ANTWORT	IHRE LOESUNG
1. Welche Namen müssten Sie im obigen Programm umbenennen, wenn Sie auf die explizite Typvereinbarung verzichten möchten ?	A. Alle B. N, DET C. N	○
2. Was bedeutet die Eintragung 6F4.1 in der achten Zeile des obigen Programms ?	A. F4.1, F4.1,..., F4.1 (6 mal) B. Länge des Feldes für A1 C. 6. Zeile hat Format F4.1	○
3. Warum steht im FORMAT 104 die Eintragung 6F5.1 statt 6F4.1 ?	A. Ihr Fehler, Herr Kryka! B. Wir wollen zwischen den Koeffizienten auf der Liste mindestens 1 Lerstelle haben	○

Es ist Ihnen gewiss aufgefallen, dass in unserem Blockdiagramm drei Determinenten berechnet werden müssen. Die FORTRAN-Sprache bietet uns die Möglichkeit, eine auf mehreren Stellen des Programms auftretende Berechnung nur einmal zu programmieren ① und dann beliebig oft aufzurufen. Die Anweisungsfunktion wird sehr einfach aufgerufen: durch Erscheinen in einer Anweisung ②

Mag sein, dass Ihnen die Ersparnis der Programmiererarbeit durch die Anweisungsfunktion gar nicht lohnenswert erscheint. Bei komplizierten, umfangreichen Formeln wird jedoch die Sache klarer erscheinen. Beachten Sie, dass die Uebersetzung einer Formel in die Maschinensprache viel länger dauert, als die Uebersetzung des Aufrufs. Das Objektprogramm ist auch viel umfangreicher bei einer Formel als bei einem Aufruf!

Was nun wichtig ist: Wie funktioniert es eigentlich?

Der Funktion haben wir den Namen DET (Determinante) gegeben. Diesem Namen folgen dann, in Klammer eingeschlossen und durch Kommas getrennt, alle Namen, die auf der rechten Seite des Ergibtzeichens erscheinen.

Diese, in Klammer eingeschlossenen Namen heissen Parameter. Beim Aufruf der Funktion ② werden die formellen Parameter in ① durch aktuelle Parameter von ② ersetzt und die Berechnung wird ausgeführt. Merken Sie sich: die Reihenfolge und Typen der aktuellen Parameter müssen die gleichen sein, wie die Reihenfolge und Typen der formellen Parameter!

Eine Empfehlung: Schenken Sie sich Zeit genug für die genaueste Analyse dieses Programms ③. Sie erleichtern sich dadurch das weitere Studium ganz erheblich.

ZUSATZINFORMATION

Eine 2 x 2 Determinente sieht ganz allgemein folgendermassen aus:

$$\begin{vmatrix} a_{11} & a_{12} \\ a_{21} & a_{22} \end{vmatrix}$$

Ihr Wert wird als

$$a_{11} \cdot a_{22} - a_{12} \cdot a_{21}$$

berechnet.

NOTIZEN

① Auszug aus der Liste der eingebauten Funktionen

```
  SIN(X) ermittelt den Sinuswert von X
  ABS(X) ermittelt den absoluten Wert von X
FLOAT(K) wandelt den Typ von K vom INTEGER in REAL
 IFIX(T) wandelt den Typ von T vom REAL in INTEGER
 SQRT(X) ermittelt die Wurzel von X
```

② Umwandlung des Variablentyps

```
C PROGRAMM STATØ1 - ARITHMETISCHER DURCHSCHNITT
C ALLE WERTE POSITIV
      INTEGER N
      REAL A, S, D
C ANFANGSWERTE
      DATA N, S /Ø,Ø.Ø/
C SCHLEIFE - SCHLUSSZEICHEN A = -1.Ø
    1 READ (5,1Ø2) A
  1Ø2 FORMAT (F9.3)
      IF (A .LT. Ø.Ø) GO TO 4
      N = N + 1
      S = S + A
      GO TO 1
C DURCHSCHNITT BERECHNEN UND DRUCKEN
    4 D = S / FLOAT(N)          <-- ② ③
      WRITE (6,1Ø6) D
  1Ø6 FORMAT (1H F9.3)
      STOP
      END
```

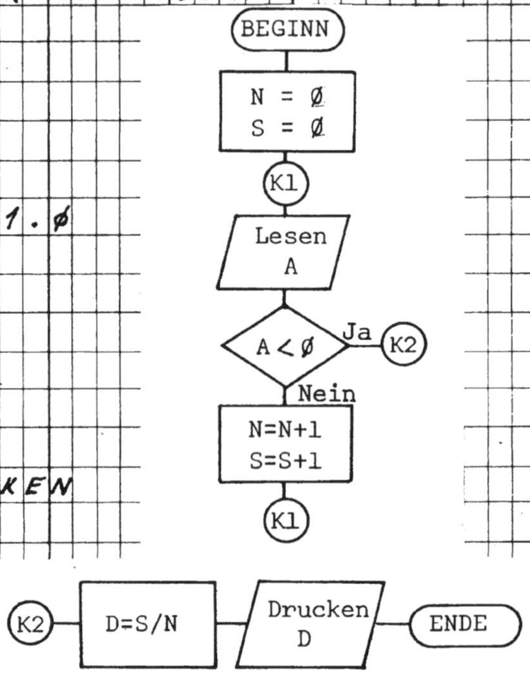

③ Aufruf der Funktion durch Erscheinen im Programm

```
      :
      T = SQRT(SIN(P)*SIN(P-A)*SIN(P-B)*SIN(P-C))
      :
```

1.13. EINGEBAUTE FUNKTIONEN

Die Anweisungsfunktionen werden nicht in der Programmbibliothek aufbewahrt. Sie sind ein Bestandteil des Hauptprogramms.

Die eingebauten Funktionen hingegen sind fest im Compiler enthalten. Es sind verschiedene, hauptsächlich mathematische Funktionen, die man oft braucht ①.

Bei manchen Computern müssen z.B. alle in einer Ergibtanweisung vorkommenden Namen von demselben Typ sein. Aus anderen Gründen (z.B. wegen der Ein- oder Ausgabe) brauchen wir einen der betreffenden Namen in einem andern Typ ②.

Die eingebauten Funktionen werden durch Erscheinen ihres Namens aufgerufen, ähnlich wie die Anweisungsfunktionen ② ③.

ZUSATZINFORMATION

Die Anzahl der eingebauten Funktionen ist von Compiler zu Compiler verschieden. Im allgemeinen sind es einige Dutzend der gebräuchlichsten Berechnung, die bei den technisch-wissenschaftlichen Aufgaben vorkommen.

NOTIZEN

① FUNKTION - UNTERPROGRAMM

```
C FUNCTION-UNTERPROGRAMM FUER N-FAKULTAET
      REAL FUNCTION FAK(N)   <- ①
      REAL F, I, N
      F = 1.Ø
      I = 1.Ø
    1 I = I + 1.Ø
      F = F * I
      IF (I .LT. N) GO TO 1
  ⑨   FAK = F
      RETURN        ⑧
      END
```

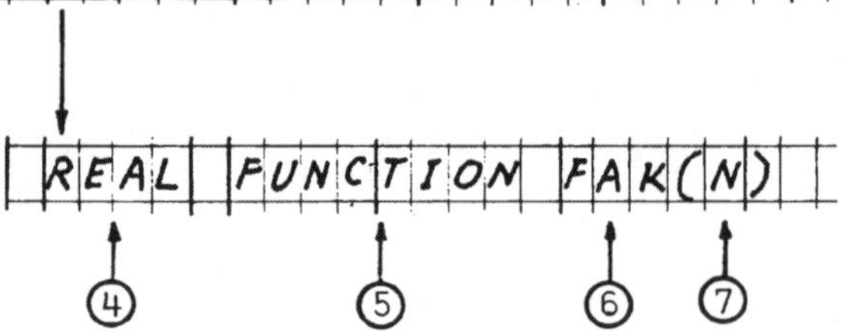

② HAUPTPROGRAMM MIT AUFRUF

```
C PROGRAMM KOMBØ2 - KOMBINATIONEN OHNE WIEDERHOLUNG
C REAL FUNCTION FAK(N) WIRD AUFGERUFEN
      READ (5,1ØØ) K, N
  1ØØ FORMAT (2I4)
      UK = FLOAT(K)
      UN = FLOAT(N)                    ③
      KOMB = IFIX(FAK(UN) / (FAK(UK)*FAK(UN-UK)))
      WRITE (6,1Ø2) K, N, KOMB
  1Ø2 FORMAT (5H K = ,I2,5H N = ,I2,8H KOMB = ,I9)
      STOP
      END
```

FRAGE	ANTWORT	IHRE LOESUNG
1. Von welchem Typ ist der Name N im obigen Hauptprogramm ?	A. INTEGER B. REAL	○
2. Von welchem Typ ist der Name N im Unterprogramm FAK ?	A. INTEGER B. REAL	○
3. Im obigen Hauptprogramm wurde die Typvereinbarung ..... getroffen.	A. implizite B. explizite	○

1.14. FUNCTION-UNTERPROGRAMME

Nehmen wir an, dass in unserem Rechenzentrum ziemlich oft Fakultäten berechnet werden müssen. Ein Programmierer hat sich die Mühe genommen und schuf ein allgemein gültiges Programm für die Berechnung von N-Fakultät.

Dieses Programm wurde in der Programmbibliothek katalogisiert (siehe Seite I/25) und kann nun von einem beliebigen Programm aus aufgerufen werden. Das erspart natürlich viel Programmierzeit, denn auf jedem Arbeitsplatz treten immer wieder Aufgaben der gleichen Art auf.

Bevor jedoch das Programm in die Bibliothek als Unterprogramm abgelegt wird, muss es richtig bezeichnet werden ①.

Das Hauptprogramm benutzt dann unser Unterprogramm REAL FUNCTION FAK(N), wie in ② dargestellt ist. Wie Sie sehen, wird ein FUNCTION-Programm durch Erscheinen seines Namens aufgerufen ③.

Das FUNCTION-Unterprogramm wird selbständig kompiliert. Von diesem Standpunkt gesehen ist es ein "normales" Programm, mit zwei Ausnahmen:

a) die erste Zeile (von Kommentarzeilen abgesehen) muss den Typ des Resultats ④, das Wort FUNCTION ⑤, den Namen der Funktion ⑥ und die Liste der Parameter ⑦ enthalten.
b) statt STOP erscheint RETURN ⑧.

Der Name des FUNCTION-Unterprogrammes ⑥ bedeutet zugleich den Namen des Speicherplatzes, auf welchem das Resultat abgelegt wird ⑨.

ZUSATZINFORMATION

1. RETURN bedeutet Rücksprung in das Hauptprogramm.
2. Das Hauptprogramm ② kann höchstens neunstellige Resultate liefern. Möchten wir auch grössere Fakultäten berechnen, dürften wir das Resultat nicht auf INTEGER durch die eingebaute Function IFIX umwandeln. In dem Fall müssten wir auch den Namen KOMB durch z.B. UKOMB ersetzen (implizit REAL) und das FORMAT 1Ø2 abändern.

NOTIZEN

SUBROUTINE - UNTERPROGRAMM

①

```
      SUBROUTINE LINGL2(A1,B1,C1,A2,B2,C2,X,Y,IND)
      IND = Ø
      DET(R1,R2,S1,S2) = R1 * S2 - R2 * S1
      D = DET(A1,A2,B1,B2)
      IF (ABS(D) .LT. Ø.ØØ1) GO TO 1
      X = DET(C1,C2,B1,B2) / D
      Y = DET(A1,A2,C1,C2) / D
      RETURN
    1 IND = 1
      RETURN
      END
```

HAUPTPROGRAMM

```
C PROGRAMM MATHØ2 - ZWEI LINEARE GLEICHUNGEN
C SUBROUTINE LINGL2 WIRD AUFGERUFEN
    6 READ (5,1ØØ) AK1,BK1,CK1,AK2,BK2,CK2,L
  1ØØ FORMAT (6F4.1,I1)
      CALL LINGL2(AK1,BK1,CK1,AK2,BK2,CK2,U1,U2,I)
      IF (I .EQ. 1) GO TO 8
      WRITE (6,1Ø2) U1, U2
  1Ø2 FORMAT (6H U1 = ,F7.2/6H U2 = F7.2/)
      GO TO 3
    8 WRITE (6,1Ø4) AK1,BK1,CK1,AK2,BK2,CK2
  1Ø4 FORMAT (17H DET KLEIN FUER: ,/1H ,6F5.1
    3 IF (L .EQ. 9) STOP
      GO TO 6
      END
```

1.15. SUBROUTINE-UNTERPROGRAMME

Die Anweisungsfunktion darf nur eine Ergibtanweisung enthalten. Die eingebauten Funktionen kann der Programmierer nicht beeinflussen. Sie werden fertig vom Hersteller des Computers mitgeliefert. Die FUNCTION-Unterprogramme können nur einen einzigen Wert liefern.

Alle drei soeben aufgezählten Möglichkeiten sind also beschränkt in ihrer Gestaltungs- und Arbeitsweise.

Die SUBROUTINE-Unterprogramme sind dagegen äusserst flexible Arbeitsinstrumente in den Händen eines geschickten Programmierers.

Wir rufen uns jetzt nochmals ganz genau die Seiten I/24 und I/25 in Erinnerung. - Gemacht? Gut so!

Und nun ein Beispiel einer einfachen SUBROUTINE. Wenn wir uns schon mit der Lösung von zwei linearen Gleichungen viel Mühe gegeben haben, warum sollten wir dann nicht unser Programm (Seite I/26) in ein SUBROUTINE-Unterprogramm umwandeln und für den späteren Gebrauch in der Programmbibliothek aufbewahren (1)?

Widmen Sie nun bitte dem Vergleich der beiden Programme (Seiten I/28 und I/34) genügend Zeit. Versuchen Sie alle Differenzen und die Erklärungen dazu herauszufinden, bevor Sie weiter lesen!

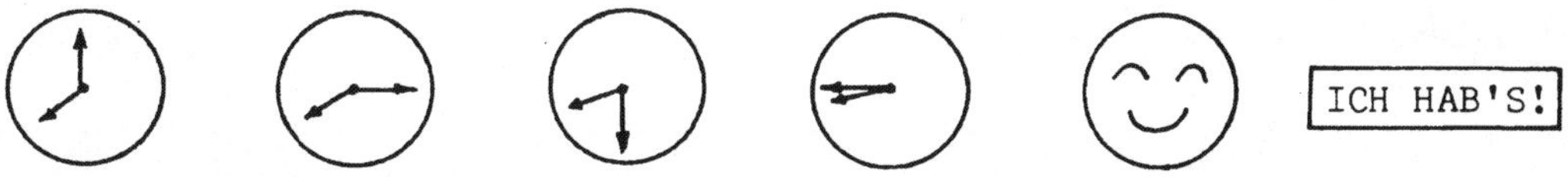

Wenden Sie bitte um!

ZUSATZINFORMATION

Das SUBROUTINE-Unterprogramm wird selbständig kompiliert. Es ist eigentlich ein alleinstehendes Programm, welches vom aufrufenden Programm die Eingabedaten bekommt und an das aufrufende Programm die Ausgabedaten liefert. Dies geschieht mit Hilfe der formellen und aktuellen Parameter. Aber Vorsicht! Das Unterprogramm kann auch durch READ-Anweisungen die Eingabedaten lesen und durch WRITE-Anweisungen die Resultate ausgeben.

NOTIZEN

Aufgerufenes Programm (Unterprogramm)

① Name ② Parameterliste

```
      SUBROUTINE LINGL2(A1,B1,C1,A2,B2,C2,X,Y,IND)        (7) IND, (6) X,Y,IND
      IND = Ø
      DET(R1,R2,S1,S2) = R1 * S2 - R2 * S1
      D = DET(A1,A2,B1,B2)
      IF (ABS(D) .LT. Ø.ØØ1) GO TO 1
      X = DET(C1,C2,B1,B2) / D
      Y = DET(A1,A2,C1,C2) / D
(9) → RETURN
resp.
    1 IND = 1
(9) → RETURN
      END
```

③ Aufrufendes Programm (Hauptprogramm)

```
C PROGRAMM MATHØ2 - ZWEI LINEARE GLEICHUNGEN
C SUBROUTINE LINGL2 WIRD AUFGERUFEN
    6 READ (5,1ØØ) AK1,BK1,CK1,AK2,BK2,CK2,L               ← (5)
  1ØØ FORMAT (6F4.1,I1)
(4) → CALL LINGL2(AK1,BK1,CK1,AK2,BK2,CK2,U1,U2,I)        (7) I, (6) U1,U2,I
(8) → IF (I .EQ. 1) GO TO 8
      WRITE (6,1Ø2) U1, U2                                 ← (5)
  1Ø2 FORMAT (6H U1 = ,F7.2/6H U2 = F7.2/)
      GO TO 3
    8 WRITE (6,1Ø4) AK1,BK1,CK1,AK2,BK2,CK2                ← (5)
  1Ø4 FORMAT (17H DET KLEIN FUER: ,/1H ,6F5.1)
(10) → 3 IF (L .EQ. 9) STOP
      GO TO 6
      END
```

Also:
- Die erste Zeile jeder SUBROUTINE enthält das Wort SUBROUTINE, den Namen der Subroutine (LINGL2 = Lineare Gleichungen für 2 Unbekannten) ① und eine in Klammern eingeschlossene Parameterliste ②. Es sind die formellen Parameter (siehe auch Seite I/27).

- Durch die ersten 6 Parameter übernimmt die Subroutine die Eingabedaten aus den aktuellen Parametern im Aufruf ④ im aufrufenden Programm ③. Der Inhalt des Speicherplatzes AK1 wird also bei Ausführung der Subroutine als A1 behandelt, BK1 als B1 usw. DIE BEIDEN LISTEN DER PARAMETER MUESSEN IN ANZAHL, REIHENFOLGE UND TYP DER PARAMETER UEBEREINSTIMMEN. Die Namen der sich entsprechenden Parameter dürfen gleich oder verschieden sein. Das Letztere ist praktischer, man kennt sich besser aus.

- Die Subroutine darf auch Ein-/Ausgabeoperationen enthalten. Normalerweise sind jedoch die Wünsche der Empfänger der fertigen Ausgabelisten, sowie die Einteilung der Eingabekarten verschieden. Deswegen werden die Ein-/Ausgabeoperationen meistens im Hauptprogramm festgelegt ⑤.

- Nach Ausführung der Subroutine werden die Inhalte der Speicherplätze mit den Resultaten automatisch umbenannt: Aus X wird U1, aus Y wird UZ und aus IND wird I. Vergleichen Sie dazu die letzten drei Parameter in der ersten Zeile der Subroutine und im Aufruf (CALL) im Hauptprogramm ⑥.

- Der Sinn des Speicherplatzes IND resp. I ⑦ ist wohl klar. Die Subroutine gibt dadurch dem Hauptprogramm bekannt, ob das Gleichungssystem lösbar oder unlösbar ist ⑧.

- Anhand von RETURN ⑨, welches in der Subroutine anstelle von STOP steht, kehrt die Ausführung zur Programmzeile IF (I .EQ. 1) GO TO 8 ⑧ zurück, welche dem Aufruf ④ folgt.

-Beachten Sie bitte die Position der Abfrage nach dem Schlusszeichen ⑩. In diesem Fall muss die entscheidende 9 (L) in der letzten Koeffizientenkarte enthalten sein.

> Damit sind Sie am Ende der Einführung angelangt.
> Nun werden Sie die FORTRAN-Sprache systematisch lernen. Ich hoffe, Sie können dabei von der soeben beendeten Uebersicht profitieren.
> Bitte wenden Sie sich der Seite II/3 (der 3. Seite im zweiten Band) zu !

ANTWORTEN ZU FRAGEN VON KAPITEL 1:

SEITE	FRAGE	ANTWORT
I/8	1.	INTEGER N ist eine explizite Typvereinbarung, welche in einer Programmkarte enthalten ist. Siehe Seite I/4 unten.
	2.	// EXEC ist ein Hinweis an den Computer, er soll mit der Ausführung des Programms beginnen. Dieser Hinweis ist in einer Steuerkarte enthalten. Siehe unter 10 auf Seite I/6.
	3.	Die Zahl 3.0 ist vom Typ REAL, da sie einen Dezimalpunkt beinhaltet. Der Wert ist zwar ganzzahlig, die Form jedoch - und die ist entscheidend - ist REAL.
I/10	1.	Der Inhalt des Speicherplatzes STUND wird durch Einlesen des Wertes von einer Lochkarte gegeben. Dieser Operation entspricht die zwölfte Programmzeile.
	2.	Der Typ von LOHN wurde explizit vereinbart, sonst wäre die Ergibtanweisung LOHN = 0.0 unlogisch. Der LOHN beginnt mit dem Buchstaben L und wäre deswegen implizit INTEGER.
I/24	1.	Die Anweisung RETURN in einem SUBROUTINE-Unterprogramm gibt Anlass zum Rücksprung aus dem Unterprogramm in das Hauptprogramm.
	2.	Die Behauptung ist ganz entschieden falsch. Ein SUBROUTINE-Unterprogramm sowie ein FUNCTION-Unterprogramm wird immer selbständig kompiliert. Deswegen hat es immer als Letztes die END-Anweisung.
	3.	Der Satz ist vollkommen richtig. Ein Programm (eine Subroutine ist auch ein Programm) kann auf beliebigem externen Speicher aufbewahrt werden.

SEITE FRAGE ANTWORT

I/28 1. Man müsste nur den Nenner (N) anders benennen, weil er implizit INTEGER ist und weil er eine gebrochene Zahl enthalten kann. Ein implizit REAL Name wäre z.B. DN, was man für "Determinate im Nenner" setzen könnte. Alle andern Namen würden auch bei der impliziten Vereinbarung richtig. (vgl. Seite I/23 Punkt c in 1.11.)

2. 6F4.1 steht für F4.1, F4.1, F4.1, F4.1, F4.1, F4.1

3. Dadurch gewinnt man immer eine Leerstelle vor jedem Koeffizienten. Beispiel:
Es wird 18.5 in A1 eingelesen. Dem entspricht:

<u>Vier</u> Zeichen inkl. Dezimalpunkt — F4.1 — 18.5 — Eine Dezimalstelle

Es wird 18.5 unter dem Format F5.1 ausgedruckt:

<u>Fünf</u> Zeichen inkl. Leerstelle — F5.1 — 18.5 — Eine Leerstelle

I/32 1. N ist implizit INTEGER. Siehe Antwort zur Frage I/28/1.

2. N ist explizit REAL. Die explizite Typvereinbarung ist stärker als die implizite.

3. Keine Typvereinbarung = implizite Typvereinbarung.

2. FORTRAN-Sprachelemente

FORTRAN-Zeichensatz:

Alphabetische Zeichen (Buchstaben)

A B C D E F G H I J K L M N O P Q R S T U V W X Y Z $

Numerische Zeichen (Ziffern)

Ø 1 2 3 4 5 6 7 8 9

Spezialzeichen

(Leerstelle , "blank") + - * / = , . ( ) ' &

Alphabetische und numerische Zeichen werden zusammen als alphanumerische Zeichen bezeichnet.

Um jede Verwechslung auszuschliessen, wird

die Zahl Null mit Ø
der Buchstabe O mit O bezeichnet.

Das ist aber keine FORTRAN-Regel, sondern nur eine Konvention für diesen Kurs.

Beispiele richtiger Namen

PETER
KR44
OØ
PSISTR
L
LLLLLL

Beispiele falsch gebildeter Namen

ES/TRI	/ ist ein Spezialzeichen, verboten
PSTRICH	7 Zeichen anstatt maximal 6 Zeichen
P(5)	Dies ist kein Name, sondern eine indizierte Variable (siehe Seite I/75)
ØA23	Erstes Zeichen muss ein Buchstabe sein
ANZIN%	% ist ein Spezialzeichen, verboten
P A21	Zwischenräume (blank) sind Spezialzeichen, also verboten
Erst	Kleinbuchstaben existieren nicht
A_o	Tiefgestellte Indices existieren nicht

2.1. FORTRAN-ZEICHEN UND NAMEN

Die Namen in FORTRAN werden nach folgender Regel gebildet:

- Ein Name besteht aus 1 bis 6 alphanumerischen Zeichen, wobei das erste alphabetisch sein muss.
- In einem Namen dürfen also keine Spezialzeichen, z.B. Zwischenräume, stehen.

Die Namen für die in einem Problem vorkommenden Variablen kann im allgemeinen der Programmierer selbst wählen. Achten Sie deshalb darauf, dass die Namen kurz, aber dennoch aussagekräftig sind. Auch sollten sie wenn möglich aussprechbar sein.

FORTRAN-mässig richtige, aber schlecht gebildete Namen sind zum Beispiel:

K3ZSX9	nicht aussprechbar
INDEX1	aussagekräftig, doch es ginge auch mit IND1, was kürzer ist.
OØ	es ist ungeschickt, Nullen und den Buchstaben O zu mischen. Wenn Sie das Programm später lesen, werden Sie trotz der verschiedenen Darstellung von Ø und O leicht Fehler machen.

ZUSATZINFORMATION

Den Zeichen im nebenstehenden FORTRAN-Zeichensatz kann man auf verschiedenen Anlagen noch einige Spezialzeichen hinzufügen. Ausser dem $-Zeichen und dem &-Zeichen sind alle erwähnten Zeichen aber sicher auf jeder Anlage verfügbar. Das $-Zeichen wird manchmal auch zu den Spezialzeichen gerechnet.

NOTIZEN

① INTEGER-Konstanten

Eine INTEGER-Konstante ist eine aneinandergesetzte Reihe von Ziffern. Ein Vorzeichen kann der Konstante vorangehen. Ist keines da, wird die Zahl als positiv interpretiert. INTEGER-Konstanten werden im Computer meist rein binär dargestellt. In einer INTEGER-Konstante kommt kein Dezimalpunkt vor.

Beispiel:

Mathematische Schreibweise:	3 oder +3	FORTRAN-Schreibweise:	3 +3
	Ø		Ø +Ø -Ø
	-7325436		-7325436
	+33,2		nicht übersetzbar

② REAL-Konstanten

Man unterscheidet auf den Ein- und Ausgabeeinheiten zwei verschiedene Darstellungen der im Computer nur auf eine Art dargestellten REAL-Konstanten.

Dezimalpunktdarstellung

Eine REAL-Konstante in Dezimalpunktform ist eine aneinandergesetzte Reihe von Ziffern, die durch einen Punkt (den Dezimalpunkt) eröffnet, unterbrochen oder abgeschlossen wird. Ein Vorzeichen kann vorangehen. Fehlt es, wird die Konstante als positiv interpretiert.

Beispiele:

Mathematische Schreibweise:	-3,3	FORTRAN-Schreibweise:	-3.3
	-Ø,47		-Ø.47 -.47
	Ø,ØØØØØØØØ4		Ø.ØØØØØØØØ4
	33		33.

Exponentialdarstellung

Eine REAL-Konstante in Exponentialpunktform ist eine REAL-Konstante in Dezimalpunktform, an die unmittelbar der Buchstabe E und ein ein- oder mehrstelliger Exponent mit oder ohne Vorzeichen anschliesst. Der Konstanten kann ein Vorzeichen vorangesetzt werden. Fehlt das Vorzeichen, wird die Zahl als positiv interpretiert.

Beispiele:

Mathematische Schreibweise:	-3,3 = -3,3 x $\text{1Ø}^{\text{Ø}}$	FORTRAN-Schreibweise:	-3.3EØ
	= -Ø,33 x 1Ø^{1}		-Ø.33E1 -.33E1 -.33E+1
	Ø,ØØØØØØØØ4 = Ø,4 x 1Ø^{-8}		Ø.4E-8
	= 4 x 1Ø^{-9}		4.ØE-9

③ DOUBLE PRECISION-Konstanten

Die DOUBLE PRECISION-Konstanten unterscheiden sich von den REAL-Konstanten nur durch die Länge. Zudem steht bei der Exponentialdarstellung an Stelle des Buchstabens E der Buchstabe D.

Beispiele:

Mathematische Schreibweise:	3,22357922 = 3,22357922 x $\text{1Ø}^{\text{Ø}}$	FORTRAN SCHREIBWEISE:	3.22357922
			3.22357922DØ
	Ø.ØØØ2ØØØØØ289Ø = 2,ØØØØ289Ø x 1Ø^{-4}		2.ØØØØ289ØD-4

2.2. KONSTANTEN

In der Anweisung

```
SCHN = (A + B) / 2.Ø
```

wird die Summe zweier Zahlen durch zwei dividiert. Durch zwei?

Achtung: 2 und 2.Ø sind mathematisch, aber nicht in FORTRAN dasselbe!

2 ist eine INTEGER-Konstante ①

2.Ø ist eine REAL-Konstante ②

Die beiden Definitionen finden Sie auf der linken Seite.

Verschiedene Kriterien dieser Konstanten sind maschinenabhängig. Da wir in den Uebungen und Beispielen praktisch damit arbeiten wollen, setzen wir diese Kriterien wie folgt fest:

a) Minimum, dzw. Maximum einer Zahl x:

INTEGER-Konstanten ①

$-(2^{31}-1) \leq x \leq 2^{31}-1 = 2\ 147\ 483\ 647$

REAL-Konstanten ②

$10^{-38} < | x | < 10^{35}$, oder Ø.Ø

DOUBLE PRECISION-Konstanten ③

$10^{-78} < | x | < 10^{75}$, oder Ø.Ø

b) Maximale Anzahl der gültigen Ziffern:

INTEGER-Konstanten: 10 Ziffern (max. 2 147 483 647)

REAL-Konstanten: 7 Ziffern

DOUBLE PRECISION-Konstanten: 16 Ziffern

NOTIZEN

① Die explizite Typ-Vereinbarung

Form

INTEGER $v_1, v_2, v_3, v_4, \ldots v_n$

REAL $v_1, v_2, v_3, v_4, \ldots v_n$

DOUBLE PRECISION $v_1, v_2, v_3, v_4, \ldots v_n$

v_i Variablennamen

Beispiele:

```
INTEGER AD, BD, CD
REAL PI, IR2, K99ØØ, P
DOUBLE PRECISION PSISTR, OMEGA
INTEGER IND1, IND2, IND5
REAL BETRAG
```

② Die implizite Typ-Vereinbarung

Alle Variablennamen, die mit

I, J, K, L, M, N

anfangen, werden automatisch als INTEGER vereinbart.

Alle andern Variablennamen (erster Buchstabe A-H, O-Z) werden in diesem Fall als REAL verstanden.

Beispiele: Stünden im Programm, in dem die drei letzten Zeilen des oberen Beispiels am Anfang stehen, diese Zeilen nicht, so wären

PSISTR, OMEGA, BETRAG vom Typ REAL,
IND1, IND2, IND5 vom Typ INTEGER.

2.3. TYP-VEREINBARUNGEN

In einem FORTRAN-Programm kommen wenige Konstanten, also Zahlen, die von vornherein einen festen Wert haben, vor. Meistens wird mit Variablen gerechnet. Sie werden durch die Variablennamen gebildet wie FORTRAN-Namen (siehe I/42).

So wie man drei verschiedene Typen von Konstanten unterscheiden muss, unterscheidet man auch bei den Variablen

INTEGER-Variablen
REAL-Variablen
DOUBLE PRECISION-Variablen.

Da diese drei Arten im Computer auf verschiedene Weise (die für uns nicht weiter wichtig ist) dargestellt werden, muss man im Programm als erste Anweisung vereinbaren, welche Variablennamen von welchem Typ sind, das heisst für den Computer: Wie die Werte der Variablen intern dargestellt werden sollen. Das geschieht durch die Typ-Vereinbarung (1).

Durch die Typ-Vereinbarung werden die Variablen explizit (ausdrücklich) vereinbart. Verzichtet man auf diese Anweisung, so werden die Typen aller in einem Programm vorkommenden Variablen implizit (stillschweigend) vereinbart (2):

Alle Variablen, deren Namen mit I, J, K, L, M oder N beginnen, sind vom Typ INTEGER.
Alle andern Variablen (erster Buchstabe des Namens von A-H, O-Z, $) sind vom Typ REAL.

ZUSATZINFORMATION

Die drei Typen, die Sie bis jetzt kennen, sind nicht die einzigen, aber bei weitem die wichtigsten.
Es gibt noch die Typen

COMPLEX für komplexe Zahlen,
LOGICAL für die logischen Werte .TRUE. und .FALSE..

NOTIZEN

① FORTRAN-Operationszeichen

Mathematisch	Name der Operation	In Worten	FORTRAN
+	Addition	plus	+
-	Subtraktion	minus	-
. oder x	Multiplikation	mal	*
/ oder :	Division	durch	/
hochstellen	Potenzieren	hoch	**
$\sqrt{\ }$	Wurzel ziehen	Wurzel aus	**

② Regeln zum Ausrechnen arithmetischer Ausdrücke

a) Zwei Operationszeichen (** ist ein Operationszeichen) dürfen einander nicht unmittelbar folgen.

b) ③ - Die Klammern werden von innen her aufgelöst.

④ - Im klammerlosen Ausdruck werden Operationen nach der Hierarchie der Operatoren durchgeführt.

⑤ - Sind alle Operationen von gleicher Stufe in der Hierarchie, so wird von links nach rechts ausgerechnet.

Hierarchie der Operatoren

(Siehe Regel ④)

Zuerst werden ausgeführt	** (potenzieren)
	* / (multiplizieren, dividieren)
Zuletzt werden ausgeführt	+ - (addieren, subtrahieren)

2.4. ARITHMETISCHE AUSDRUECKE

Sie haben schon gesehen, dass die Anweisung vom Typ

LOHN = LOHN + STUND * TARIF

Ergibt-Anweisung ⑥ (siehe I/50) genannt wird. Links vom Ergibtzeichen steht ein Variablenname ⑦ (siehe I/50), rechts davon ein arithmetischer Ausdruck ⑧ (siehe I/50). Ein arithmetischer Ausdruck ist eine durch Operationszeichen ① verbundene Anzahl von Konstanten und/oder Variablen. Eine einzelne Konstante oder Variable nennen wir auch arithmetischen Ausdruck.

Falls alle Variablen im arithmetischen Ausdruck einen Wert haben, so kann der Wert des gesamten arithmetischen Ausdrucks ausgerechnet werden. Links haben Sie eine Tabelle der Operationszeichen in FORTRAN ①. Sie sehen, dass ausser dem Potenzieren, die Operationszeichen fast gleich wie in der Mathematik sind.

Zwischen dem Minus-Zeichen in A-B (Operationszeichen) und dem Minus-Zeichen in - A (Vorzeichen) braucht kein Unterschied gemacht zu werden, denn der Compiler fasst -A gleich wie Ø.Ø -A auf.

Es ist ihnen sicher auch aufgefallen, dass im Gegensatz zu der Algebra der Ausdruck AB nicht etwa A mal B bedeutet. A mal B muss A*B geschrieben werden, AB ist ein Variablenname.

Zum Potenzieren und Wurzelziehen kann das gleiche Zeichen (**) benutzt werden, denn bekanntlich ist ja

$$\sqrt[n]{a^m} = a^{m/n}$$

Hingegen kann auch der Computer nicht Wunder wirken und eine Wurzel aus einer negativen Zahl ziehen. Ist also in einem Ausdruck A**B (A und B vom Typ REAL) der Wert von A negativ, so kann das Resultat nicht berechnet werden; während der Ausführung des Programms wird eine Fehlermeldung hinausgeschrieben und die Berechnung möglicherweise abgebrochen. Solche Fälle müssen Sie vermeiden.

Die Reihenfolge des Berechnens eines Wertes eines arithmetischen Ausdrucks wird durch die drei nebenstehenden Regeln gegeben ②.

Merken Sie sich:

> Durch Klammern, die wie in der Algebra gebraucht werden, kann man den Ablauf der Ausrechnung steuern.
> ZUVIELE Klammern sind erlaubt, das heisst:
>> Die Regeln ④ und ⑤ treten nur in Kraft, wenn keine Klammern mehr in einem Ausdruck vorhanden sind!

⑥ Die Ergibt-Anweisung

Form v = a

v Variablenname ⑦

a arithmetischer Ausdruck ⑧

⑩ Wirkungsweise

Der Wert des arithmetischen Ausdrucks a wird der Variablen v zugewiesen. Der Wert des arithmetischen Ausdrucks muss dabei eventuell in einen Wert vom Typ der Variablen v verwandelt werden.

⑨ Wertzuweisungen

v = a

Typ der Variablen v	Typ aller Variablen im arithmetischen Ausdruck a	Umwandlung
INTEGER	INTEGER	keine Umwandlung
INTEGER	REAL	der ganzzahlige Teil von a wird in v abgelegt
INTEGER	DOUBLE PRECISION	der ganzzahlige Teil von a wird in v abgelegt
REAL	INTEGER	der Wert von a wird in einen REAL-Wert umgewandelt, der in v abgelegt wird
REAL	REAL	keine Umwandlung
REAL	DOUBLE PRECISION	die 7 ersten Stellen von a werden in v abgelegt
DOUBLE PRECISION	INTEGER	der Wert von a wird in einen DOUBLE-PRECISION-Wert umgewandelt und in v abgelegt
DOUBLE PRECISION	REAL	der REAL-WERT besetzt die ersten 7 Stellen des D-P-Wertes
DOUBLE PRECISION	DOUBLE PRECISION	keine Umwandlung

2.5. ERGIBT-ANWEISUNG

Achtung:

Es ist nicht erlaubt, in einem arithmetischen Ausdruck Variablen oder Konstanten verschiedener Typen zu verknüpfen!

Ausnahme: Das Potenzieren mit ganzen Exponenten ist immer erlaubt.

Dies ist eine Regel der offiziellen FORTRAN-Sprache. Viele FORTRAN-Versionen erlauben aber, Variablentypen zu mischen. In diesen Versionen wird der Ausdruck im "höchsten" Typ ausgerechnet, der in ihm vorkommt (Reihenfolge: DOUBLE PRECISION, REAL, INTEGER). Wir wollen hier aber mit der offiziellen Version arbeiten, wir dürfen also nicht mischen.

Hingegen ist es nicht nötig, dass die Variable links und der arithmetische Ausdruck rechts in der Ergibt-Anweisung vom gleichen Typ sind. Beachten Sie dazu die Tabelle ⑨.

Das Gleichheitszeichen in der Mathematik und das =-Zeichen in FORTRAN haben nicht dieselbe Bedeutung, oder: eine Gleichung (Mathematik) ist etwas anderes als eine Wertzuweisung (Ergibt-Anweisung in FORTRAN). Etwas umständlich könnte man deshalb dem =-Zeichen in FORTRAN "Wertzuweisungszeichen" sagen. Es hat ja den Zweck, den ausgerechneten Wert des arithmetischen Ausdrucks(rechts) dem Variablennamen(links) zuzuweisen. Deshalb hat in FORTRAN die Anweisung

```
IND = IND + 1
```

durchaus einen Sinn: der augenblickliche Wert der Variablen IND wird um 1 erhöht.

NOTIZEN

3. STEUERANWEISUNGEN

① Kontrollanweisungen:

② unbedingtes GO TO	GO TO n
berechnetes GO TO	GO TO $(n_1, n_2, \ldots n_i)$, k
④ arithmetisches IF	IF (ar. Ausdruck) n_1, n_2, n_3
logisches IF	IF (logischer Ausdruck) Anweisung
③ DO-Befehl	DO n $i=m_1, m_2, m_3$
CONTINUE-Anweisung	n CONTINUE

⑤ Die unbedingte GO TO-Anweisung

Form GO TO n n = Anweisungsnummer

Wirkungsweise Jedesmal wenn die Ausführung des Programms die unbedingte GO TO-Anweisung erreicht, springt sie zur Anweisung Nr. n und fährt dort sequentiell weiter.

Graphik

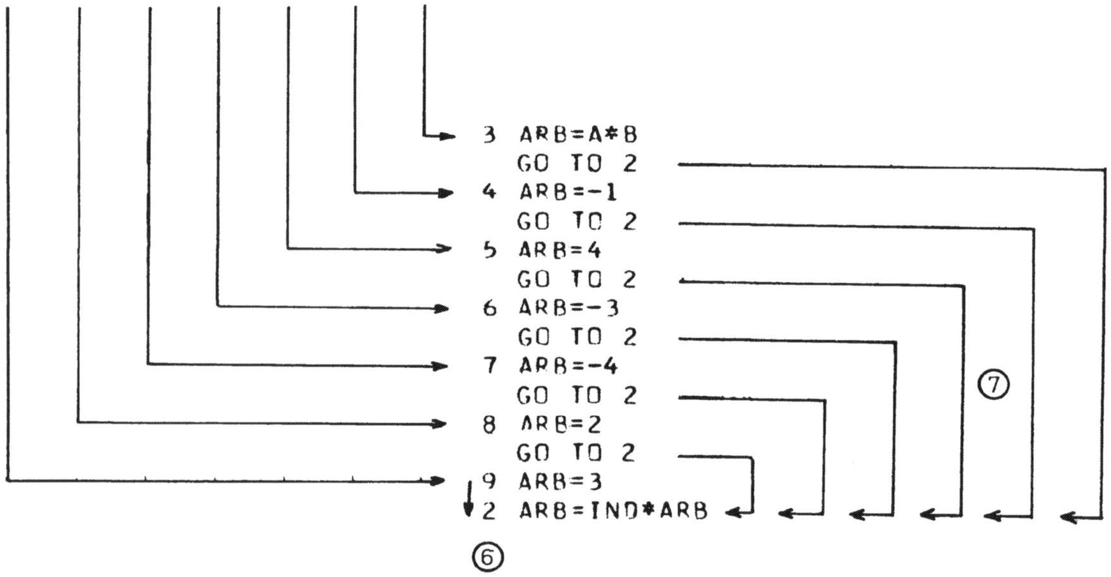

Anmerkung: Ausschnitt aus Programm von Seite I/119.

3.1. UNBEDINGTE GO TO-ANWEISUNG

Die Programme, die Sie bis jetzt gesehen und selbst aufgestellt haben, waren immer Programme, die sequentiell ausgeführt wurden, bei denen also die Anweisungen genau in der Reihenfolge ausgeführt wurden, in der sie im Programm standen.

Oft wird aber gewünscht,

- zu gewisser Anweisung zu springen ②,
- gewisse Anweisungen eine bestimmte Anzahl von Malen ausführen zu lassen ③,
- je nach dem, ob gewisse Bedingungen erfüllt sind oder nicht, das Programm auf verschiedene Anweisungen zuzuführen ④.

Dazu sind die Kontrollanweisungen ① eingeführt worden.

Die einfachste dieser Anweisungen ist die
unbedingte GO TO-Anweisung ⑤.

Durch sie ist es möglich, von irgendeinem Punkt des Programms zu andern, mit Anweisungsnummern ⑥ versehenen Anweisungen zu springen ⑦. Der sequentielle Ablauf wird unterbrochen. Die Ausführung des Programms setzt nach einem Sprung an einem andern Ort wieder ein.

Allerdings: Das Programm kommt nicht von selbst aus einer solchen Schleife heraus. Wir benötigen dazu andere Kontrollanweisungen.

① Die berechnete GO TO-Anweisung

Form: GO TO $(n_1, n_2, n_3, n_4, \ldots n_j)$, k (② above $n_4 \ldots$; ③ above k)

n_i Anweisungsnummern

k INTEGER-Variable

Wirkungsweise: Diese Anweisung bewirkt einen Sprung nach derjenigen Anweisung mit der Anweisungsnummer n_i, deren i gleich dem momentanen Wert der Variablen k ist.

Liegt k nicht im Bereich $1 \leqslant k \leqslant j$, so wird die unmittelbar auf die GO TO-Anweisung folgende Anweisung ausgeführt.

Graphik

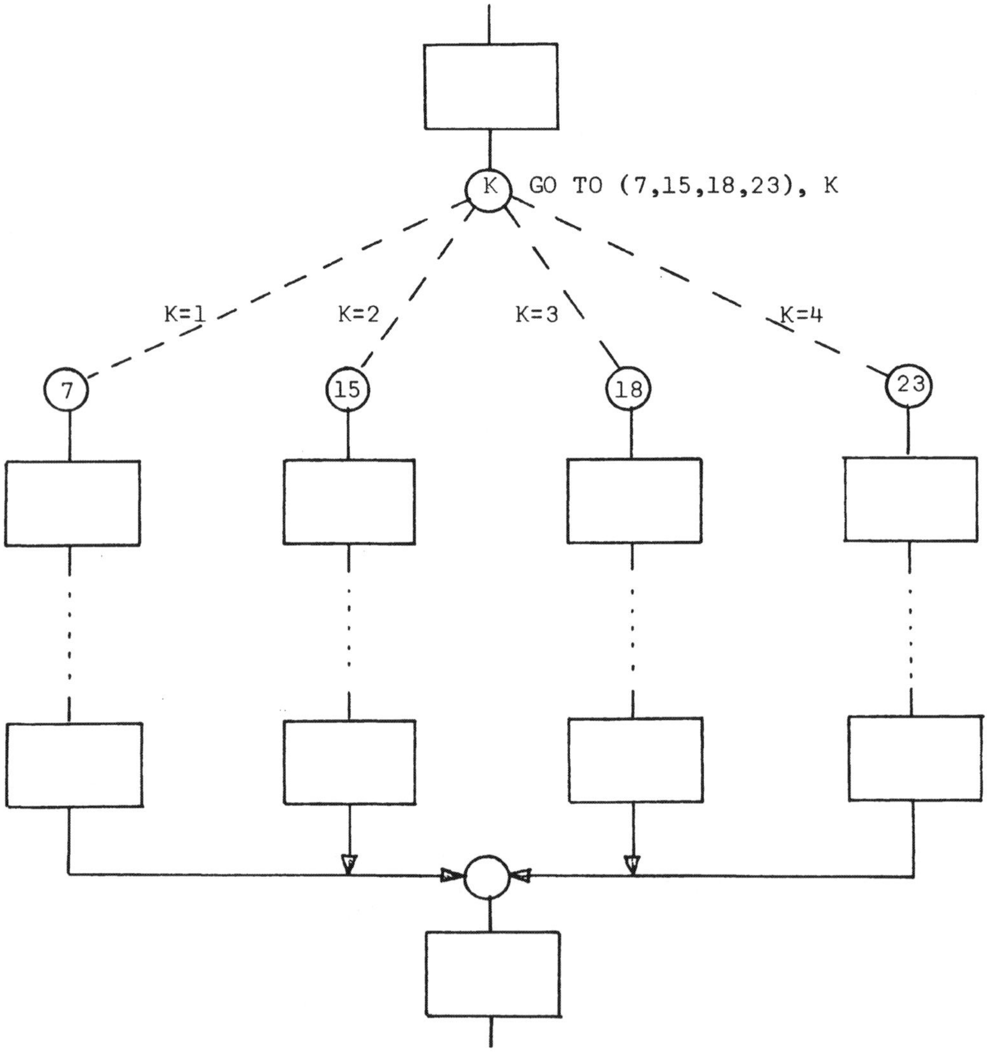

3.2. BERECHNETE GO TO-ANWEISUNG

Neben der "unbedingten GO TO-Anweisung" kennt man noch die berechnete GO TO-Anweisung (computed GO TO) ①.

Diese Anweisung hat als Parameter eine Reihe von Anweisungsnummern ②, nach denen in Abhängigkeit von einer INTEGER-Variablen ③ gesprungen werden soll. Ist ihr Wert 1, so wird nach der 1. Anweisungsnummer gesprungen, ist er 2, so wird nach der 2. Anweisungsnummer in der Reihe der Anweisungsnummern gesprungen, und so fort.

Ein Problem ergibt sich, wenn dieser Wert kleiner als 1 oder grösser als die Anzahl der Anweisungsnummern in der Reihe ist. Dann fährt das Programm bei der unmittelbar auf die GO TO-Anweisung folgenden Anweisung weiter.

Diese INTEGER-Variable ③ kann eingelesen oder auf irgendeine Weise während der Ausführung des Programms berechnet werden. Auf jeden Fall muss ihr aber ein Wert zugewiesen werden,bevor die Ausführung des Programms zur berechneten GO TO-Anweisung kommt.

ZUSATZINFORMATION

Es gibt noch eine dritte Art von GO TO-Anweisungen. Auf sie gehe ich aber nicht ein, denn es gibt nichts, was man nicht auch mit den andern GO TO-Anweisungen durch diese dritte Art, die "assigned GO TO-Anweisung", machen könnte.

NOTIZEN

① Die arithmetische IF-Anweisung

Form — IF (a) n_1, n_2, n_3 ②

a   Arithmetischer Ausdruck

n_i Anweisungsnummern

Wirkungsweise — Je nach Grösse des momentanen Wertes von a springt das Programm bei

a < Ø   (a kleiner als Ø) nach Anweisung mit Nr. n_1
(a negativ)

a = Ø   (a = Ø)   nach Anweisung mit Nr. n_2

a > Ø   (a grösser als Ø) nach Anweisung mit Nr. n_3
(a positiv)

Der Typ von a kann INTEGER oder REAL sein.

Graphik

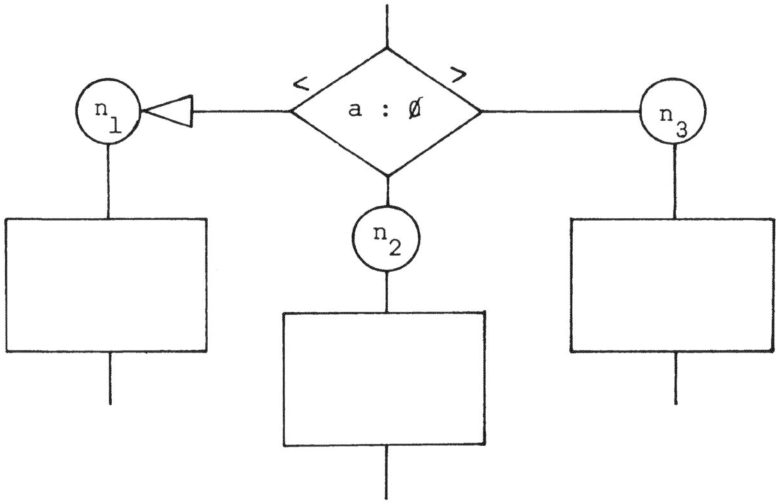

Beispiel

```
      PLOT=0.5
  937 B=2.
      KSTRI=1
   11 A=3.5E5
      IF (PLOT) 23,24,25
   23 IF (B*B-3.7) 11,937, 24
   24 IF (KSTRI**3) 23,11,23
   25 IF (B-(A**3.2+3.1515)) 1,11,937
      STOP
      END
```

3.3. DIE ARITHMETISCHE IF-ANWEISUNG

Der Satz "Ja wenn das Wörtlein wenn nicht wär, ginge alles halb so schwer" gilt in FORTRAN nicht.

Eine der meistgebrauchtesten Kontrollanweisungen ist nämlich die IF-Anweisung.

Man unterscheidet zwei Arten:

Die erste Art, die "arithmetische IF-Anweisung" (1) kann man von FORTRAN auf Deutsch etwa so übersetzen:

> Wenn der Wert eines bestimmten Ausdrucks (2) negativ, Null bzw. positiv ist, so fahre (ich spreche mit dem Computer) mit der Ausführung des Programms bei Anweisung Nr. n_1 (Wert von a (2) negativ), Nr. n_2 (Wert = Null) bzw. n_3 (Wert positiv) weiter.

Der Programmablauf wird also vom Wert eines bestimmten Ausdrucks, der während der Ausführung des Programms berechnet wird, gesteuert.

Selbstverständlich gilt auch hier, was wir schon beim "berechneten GO TO" gesehen haben:

> Dieser Ausdruck muss wirklich einen Wert aufweisen, d.h. alle in ihm vorkommenden Variablen müssen einen Wert haben, der z.B. mit einer READ-Anweisung eingelesen worden ist.

ZUSATZINFORMATION

Passen Sie auf, dass Sie das Schema der IF-Anweisung immer beibehalten; Formen wie die folgenden schluckt der Computer nicht mehr:

IF (A*C=3.7) 3,3,5	(Gleichheitszeichen nicht erlaubt)
IF IND2=Ø	(Klammern fehlen u.a.)
IF (B*B-4.*A*C) GO TO 3	(Eine Anweisung anstelle von Anweisungsnummern)

NOTIZEN

① Die logische IF-Anweisung

Form IF (p) s ②

p logischer Ausdruck

s Anweisung, jedoch keine logische IF-Anweisung und keine DO-Anweisung

Wirkungsweise: Ist der Wert des logischen Ausdrucks p .TRUE. (ja, wahr), so wird die Anweisung s ausgeführt, danach fährt das Programm sequentiell weiter.
Ist der Wert des Ausdrucks p .FALSE. (falsch, nein), so wird die Anweisung s übersprungen und das Programm fährt sequentiell weiter.

Graphik

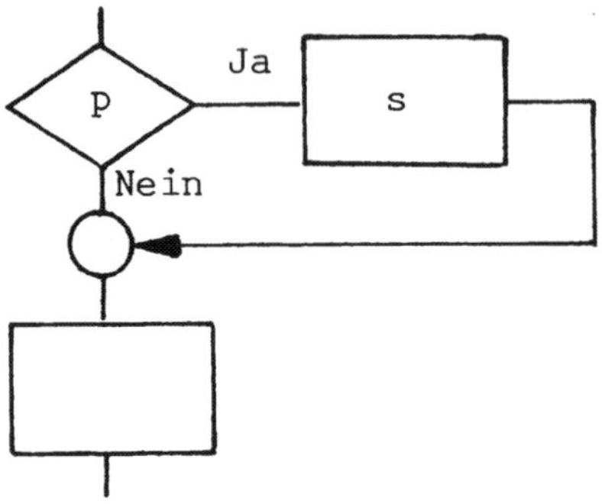

③ Logische Operatoren p, q logische Ausdrücke

.NOT. q — Der Ausdruck hat den Wert .TRUE., wenn q den Wert .FALSE. hat, und er hat den Wert .FALSE., wenn q den Wert .TRUE. hat.

p .AND. q — Der Ausdruck hat nur den Wert .TRUE., wenn sowohl der Wert von p wie auch der Wert von q .TRUE. sind. In jedem andern Fall ist der Wert des Ausdrucks .FALSE..

p .OR. q — Der Ausdruck hat den Wert .TRUE., wenn p oder q oder sowohl p wie q den Wert .TRUE. haben. Er hat den WERT .FALSE., wenn sowohl p als auch q den Wert .FALSE. haben.

④ Vergleichsoperatoren

Mathematisch	in Worten	in FORTRAN	englisch
$<$	kleiner als	.LT.	(less than)
$\leq$	kleiner oder gleich	.LE.	(less or equal)
$>$	grösser als	.GT.	(greater than)
$\geq$	grösser oder gleich	.GE.	(greater or equal)
$=$	gleich	.EQ.	(equal to)
$\neq$	ungleich	.NE.	(not equal)

3.4. LOGISCHE IF-ANWEISUNG

Die zweite Art der IF-Anweisungen ist die "logische IF-Anweisung" ①.

Wieder eine Uebersetzung in Prosa:

Wenn ein bestimmter Ausdruck wahr ist, wird eine Anweisung zusätzlich ausgeführt, wenn dieser Ausdruck falsch ist, wird die zusätzliche Anweisung übergangen.

Ausdrücke, die die Eigenschaft haben, entweder wahr oder falsch zu sein, bezeichnet man als logische Ausdrücke ②. Man spricht auch hier vom Wert eines solchen Ausdrucks:

Ist er wahr,
trifft er zu, stimmt es, dass ... so ist sein Wert .TRUE.

Ist er falsch,
trifft er nicht zu, stimmt es nicht, dass .. so ist sein Wert .FALSE.

Solche logischen Ausdrücke erhält man zum Beispiel, in dem man arithmetische Ausdrücke (also solche, die Werte wie 7, Ø, -33.2, kurz Zahlenwerte annehmen können) vergleicht. Ist zum Beispiel fünf grösser als zwei? Die Antwort ist ja oder nein, hier ist sie ja, der Wert des Satzes "ist fünf grösser als zwei" ist .TRUE.. Und wenn wir diesen Satz etwas mathematischer schreiben, erhalten wir den "logischen Ausdruck" von FORTRAN: (5.GT.2).

Dazu benützt man die "Vergleichsoperatoren" ④.

Sie haben den Satz:

Ist A grösser als B,und ist B grösser als C?

Uns interessiert das Wort "und". Kann man das in FORTRAN in einem logischen Ausdruck einfach mit "+" übersetzen? Oder anders gesagt: Kann man logische Werte arithmetisch addieren? Nein, natürlich nicht. Für dieses "und", und auch für das "oder" und für das "nicht" brauchen wir zusätzlich noch die "logischen Operatoren" ③.

ZUSATZINFORMATION

Passen Sie auf beim Vergleichen:

Der Wert von B.LT.A ist nicht gleich wie
A.LT.B, aber
C.EQ.D ist gleich wie
D.EQ.C!

NOTIZEN

Die DO-Anweisung

Form DO n i = m_1, m_2, m_3

n Anweisungsnummer der CONTINUE-Anweisung ⑦
i Name des Laufindexes (INTEGER-Variable) ⑧
m_1 Untere Grenze, Iterationsbeginn
pos. (INTEGER-Konstante oder Variable) ⑨
m_2 Obere Grenze, Iterationsende
pos. (INTEGER-Konstante oder Variable) ⑩
m_3 Intervall, Inkrement
pos. (INTEGER-Konstante oder Variable) ⑪

Wirkungsweise Die Anweisungen zwischen der DO-Anweisung und die CONTINUE-Anweisung bilden eine Schleife. Bevor sie durchlaufen wird, wird der Laufindex $i = m_1$ gesetzt. Dann wird die Schleife durchlaufen. Am Ende der Schleife wird $i = i + m_3$ gesetzt und kontrolliert, ob dieser momentane Wert des Laufindexes bereits grösser als m_2 ist. Ist er das nicht, wird die Schleife ein weiteres Mal durchlaufen, etc. Die Ausführung der DO-Schleife ist dann beendet, wenn $i > m_2$ ist.

Graphik

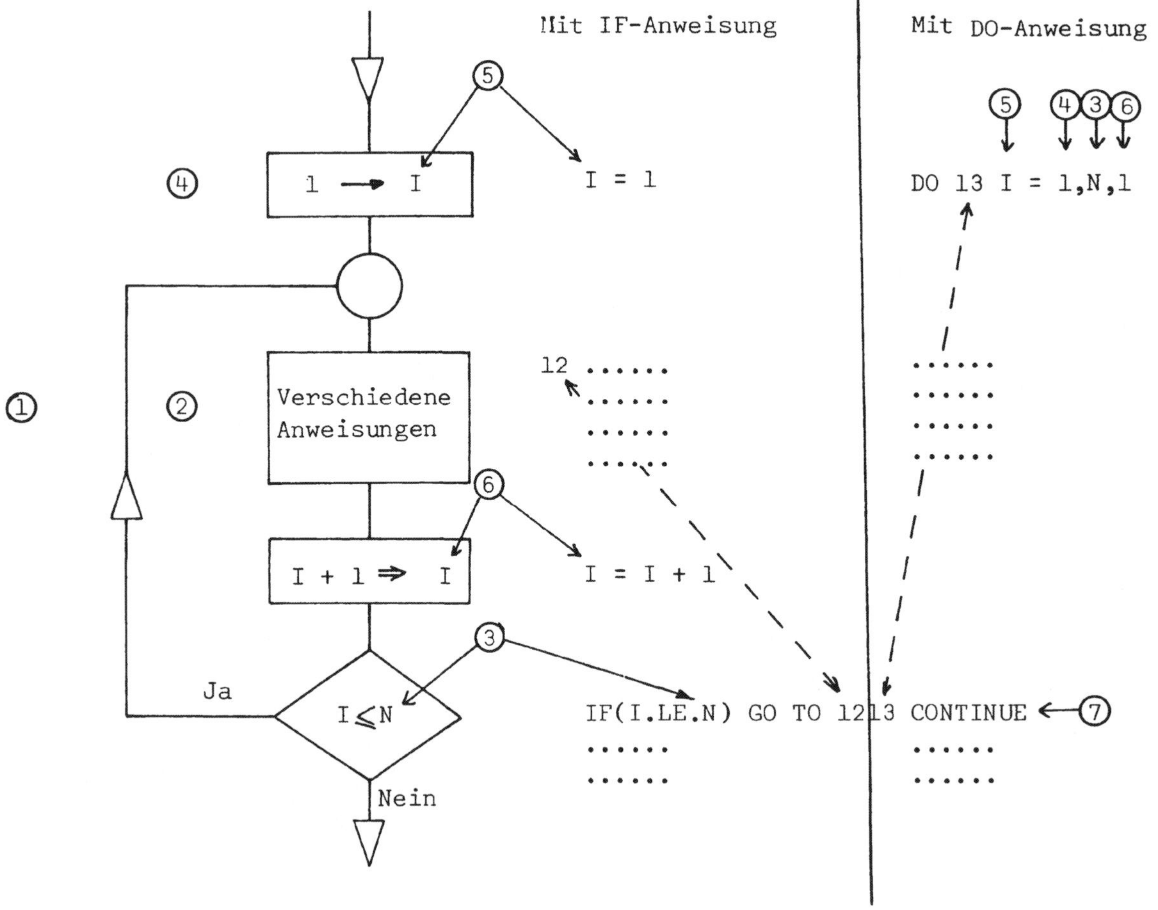

3.5. DO-ANWEISUNG

Eine bestimmte Gruppe von Anweisungen kommt beim Programmieren immer wieder vor. Sie sehen links einen Ausschnitt aus einem Blockdiagramm mit einer solchen typischen Situation ①.

In einer Schleife wird eine Gruppe von Anweisungen ② so lange ausgeführt, bis eine INTEGER-Variable, man sagt Laufindex ⑤, einen bestimmten Wert angenommen hat oder überschreitet (die obere Grenze) ③. Vor dem Beginn der Schleife wurde in den Laufindex eine untere Grenze ④ gelegt, und in der Schleife wird dem Laufindex ein jeweils fester Wert addiert, das Intervall ⑥.

Zum Beispiel werden in einem Programm 1Ø Karten eingelesen. Die READ-Anweisung steht hier für "die Gruppe von Anweisungen". Eine Anweisung I=I+1 zählt die Durchläufe, das "Intervall" ist also 1. Am Schluss jedes Schleifendurchlaufs wird abgefragt, ob der Zähler I den Wert 1Ø, die "obere Grenze", schon erreicht hat. Hat er sie nicht erreicht, wird eine weitere Schleife durchgeführt.

Solche Programmteile können durch die DO-Anweisung in FORTRAN wesentlich vereinfacht werden.

In ihr sind als Parameter enthalten:

- die "Gruppe der Anweisungen" ②, representiert durch die Anweisungen zwischen der DO-Anweisung und der Anweisung CONTINUE ⑦, die nach der letzten Anweisung der Gruppe steht.
- der Name des "Laufindexes" (im obigen Beispiel ist das I) ⑧
- die "untere Grenze" (oben ist das 1) ⑤
- die "obere Grenze" (oben ist das 1Ø) ⑩
- das "Intervall" (oben ist das 1) ⑪

ZUSATZINFORMATION

Zwar kann jede Anwendung der DO-Anweisung auch mit IF-Anweisungen etc. umgangen werden. DO-Anweisungen kommen aber fast in jedem Programm vor und sind, besonders in Verbindung mit indizierten Variablen von grösster Bedeutung (Kapitel 5).

NOTIZEN

① Verschachtelte DO-Schleifen

Erlaubt:

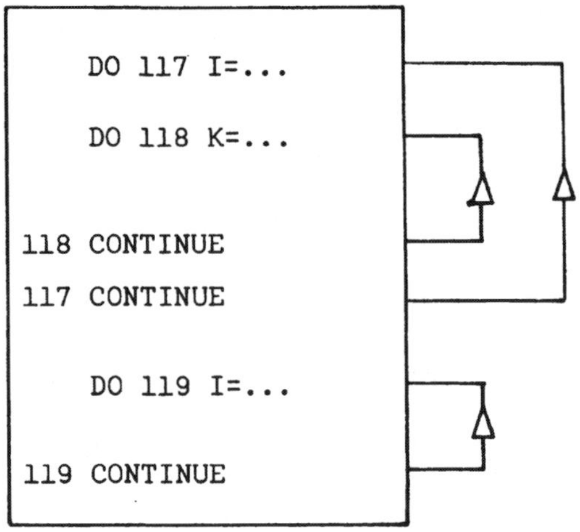

Erlaubt:

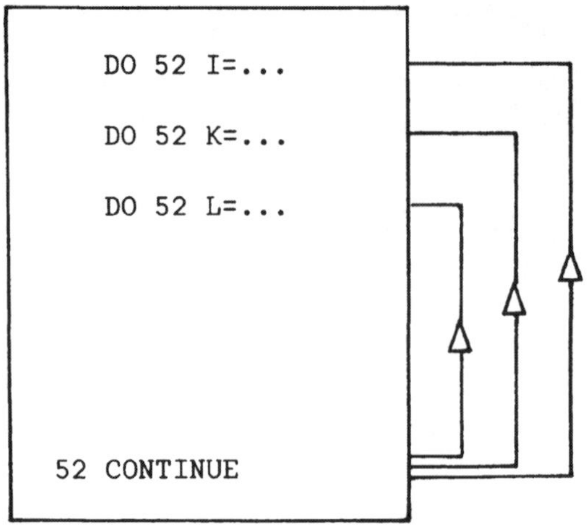

Erlaubt:

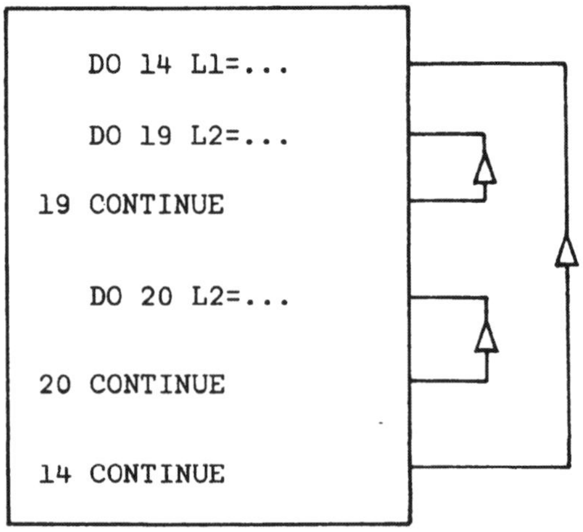

Verboten!

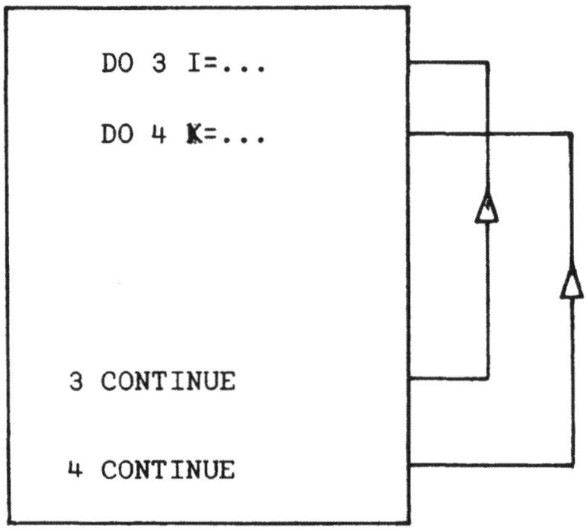

Die DO-Schleifen dürfen sich nicht überschneiden ! Sie dürfen höchstens eine gemeinsame CONTINUE-Anweisung gebrauchen.

Verboten!

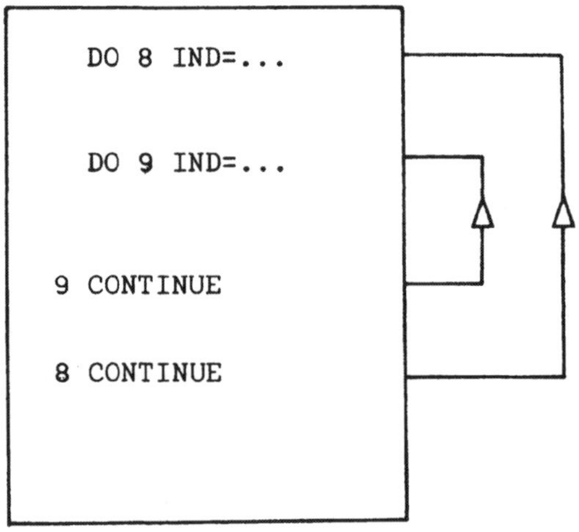

Die Namen der Laufindices dürfen in verschachtelten DO-Schleifen nicht dieselben sein !

Die Parameter m_1, m_2 und m_3 in DO n i = m_1, m_2, m_3 müssen INTEGER-Konstanten oder INTEGER-Variablen sein. Sie dürfen nie negativ werden. Ist m_3=1, so kann man m_3 weglassen. Die Parameter m_1, m_2 und m_3 werden während der Ausführung der DO-Anweisung als konstant angesehen, dürfen also in der Schleife nicht verändert werden.

Der Wert des Laufindexes i ist im allgemeinen nach Beendigung der DO-Schleife nicht mehr verfügbar; das müssen Sie aber auf Ihrer Anlage probieren. Sicher ist er aber verfügbar, wenn mit einer GO TO oder mit einer IF-Anweisung aus der DO-Schleife gesprungen wird.

In die DO-Schleife kann nicht von aussen her hineingesprungen werden. Das ist verständlich, denn welchen Wert hätte dann der Laufindex? Hingegen kann man z.B. ein Unterprogramm aus einer DO-Schleife heraus aufrufen. Davon sprechen wir später.

In der DO-Schleife kann mit dem Laufindex gerechnet werden.

Mehrere DO-Schleifen könen ineindandergeschachtelt werden. Jedoch sind nicht beliebige Formen erlaubt (1).

NOTIZEN

4. Unterprogramme

① Die eingebaute FORTRAN-Funktion

Form des Unterprogramms — unwichtig, da die Unterprogramme fest programmiert und immer verfügbar sind.

② Form des Aufrufs

w (a)
w Name der Funktion
a arithmetischer Ausdruck ③

Der Aufruf steht am Platz einer Variablen in einem arithmetischen Ausdruck.

③ Wirkungsweise

Stösst das Programm bei seiner Ausführung auf einen FORTRAN-Funktions-Aufruf, so wird

④ - der arithmetische Ausdruck a ausgerechnet; dieser Wert wird Argument genannt.

⑤ - mit diesem Argument wird das Unterprogramm (das nicht in Ihrem Programm, sondern irgendwo im Compiler steht) durchgerechnet. Das Resultat der Rechnung wird dem Funktionsnamen w(a) zugewiesen.

- somit steht im aufrufenden Programm das Resultat in w(a) gespeichert zur Verfügung.

Beispiel

```
:
B = A+C/SQRT(C**0.1415)
:
IF (B-EXP(A*SQRT(F)))3,3,4
:
```

4.1. EINGEBAUTE FORTRAN-FUNKTIONEN

Wir haben schon mehrmals beim Wurzelziehen den Umweg über das Potenzieren mit gebrochenen Exponenten machen müssen.

FORTRAN offeriert eine elegantere Lösung: anstatt

WURZ = B**Ø.5 schreibt man WURZ = SQRT(B)

SQRT ist der Name einer FORTRAN-Funktion ①. Durch eine solche Anweisung wird diesem Namen die Quadratwurzel von B zugewiesen. Die FORTRAN-Funktionen sind bereits fertige Unterprogramme, die im Compiler stehen, man nennt sie eingebaute "FORTRAN-Funktionen".

Trifft das Programm den Aufruf WURZ=SQRT(B) ② an, so wird mit Hilfe der eingebauten FORTRAN-Funktionen SQRT das Resultat SQRT(B) ermittelt ③ und nachher WURZ zugewiesen.

Das Argument ④ ist also der Wert einer Konstanten oder einer Variablen, die in das Unterprogramm "hineingeht", das Resultat ⑤ der Wert, der aus dem Unterprogramm "herauskommt".

Links sehen Sie eine symbolische Darstellung der FORTRAN-Funktionen, im Anhang, Seite I/130, finden Sie eine Tabelle mit den gebräuchlichsten FORTRAN-Funktionen.

Jede Funktion hat für ihr Argument einen vorgeschriebenen Typ; so ist z.B. der Typ des Arguments der SQRT-Funktion REAL. Als Argument ist ein INTEGER-Wert verboten. Bei einigen Funktionen ist auch die Grösse des Arguments nicht beliebig; bei der SQRT-Funktion besteht die Vorschrift, dass das Argument nicht negativ werden darf. Dafür muss der Programmierer besorgt sein. Wird während der Ausführung des Programms trotzdem ein negativer Wert als Argument einer SQRT-Funktion angetroffen, so wird das Programm nicht weiter arbeiten können. Wertvolle Computerzeit geht verloren.

ZUSATZINFORMATION

Im allgemeinen gibt es in jeder Anlage im FORTRAN-Compiler noch eine beträchtliche Anzahl weiterer FORTRAN-Funktionen. Der Anhang gibt also nur eine Uebersicht über eine kleine Auswahl.

NOTIZEN

Die SUBROUTINE-Unterprogramme

Form der Subroutinen

```
SUBROUTINE w(u1, u2, u3, ... un)
:
:
Kern der Subroutine, wie ein normales FORTRAN-Programm
aufgebaut
:
:
RETURN
END
```

w Name der Subroutine, gebildet wie ein Variablenname. Die Subroutine selbst hat keinen Typ, denn ihrem Namen ist kein Resultat zugeordnet.

① u_i Namen der formellen Parameter, also Variablen- oder Feldnamen (siehe Seite I/42). Es können beliebig viele Parameter erscheinen, insbesonders auch keiner.

Form des Aufrufs im Hauptprogramm

```
:
CALL w (a1, a2, a3, ... an)
:
```

w Name der aufgerufenen Subroutine

② a_i Aktuelle Parameter, also Konstanten, Namen von Variablen oder Feldnamen (siehe Seite I/42) oder arithmetische Ausdrücke.

Die formellen Parameter (im Unterprogramm selbst) und die aktuellen Parameter (im Aufruf) müssen in Zahl und Typ übereinstimmen!

Wirkungsweise

Stösst die Ausführung des Programms auf eine CALL-Anweisung, so springt das Programm mit den Argumenten in den aktuellen Parametern in das Unterprogramm. Anstelle der formellen Parameter des Unterprogramms werden die aktuellen des Aufrufs eingesetzt. Das Unterprogramm wird durchgerechnet, die Resultate werden zugewiesen. Das Programm springt mit den Resultaten unter den aktuellen Parametern wieder ins Hauptprogramm, wo diese dann verfügbar sind.

4.2. SUBROUTINE UNTERPROGRAMME

Argumente und Resultate werden gemeinsam mit Parameter bezeichnet. Im Unterprogramm selbst sind es die formellen Parameter ①, im aufrufenden Programm die aktuellen Parameter ②:

- formelle Parameter, weil sie nur zum Beschreiben des Unterprogramms dienen,
- aktuelle Parameter, weil mit ihnen wirklich gerechnet wird. Sie nehmen im Fall eines Aufrufs den Platz der formellen Parameter ein.

Aktuelle und formelle Parameter müssen deshalb nicht im Namen, hingegen in Typ und Anzahl übereinstimmen, und zwar so: der erste aktuelle Parameter mit dem ersten formellen, der zweite aktuelle mit dem zweiten formellen Parameter, usw.

Formelle Parameter sind immer Namen, aktuelle Parameter können Namen, Konstanten oder arithmetische Ausdrücke sein.

Argumente und Resultate können unter den (aktuellen und formellen) Parametern beliebig gemischt sein. Beachten Sie also:

Es können beliebig viele Argumente auftreten,
es können beliebig viele Resultate auftreten.

Es ist auch möglich, dass die Subroutine überhaupt keine Parameter enthält. Da sie im Innern wie ein vollständiges FORTRAN-Programm aufgebaut ist, kann sie trotzdem nützlich sein; sie kann zum Beispiel Werte einlesen, verarbeiten und ausdrucken, und das jedesmal, wenn sie von einem andern Programm aufgerufen wird.

Eine Subroutine kann nicht sich selbst, jedoch andere Unterprogramme aufrufen. Zwei Subroutinen können einander nicht gegenseitig aufrufen.

ZUSATZINFORMATION

Viele Hersteller liefern zu den Anlagen auch Unterprogramm-Bibliotheken. Das sind auf Bänder oder auf Platten gespeicherte Programme, die der Programmierer benützen kann, indem er Aufrufe in der obigen Art benützt. Mitgelieferte Manuals geben dabei über die genauen Spezifikationen der Parameter Auskunft.

NOTIZEN

Die FUNCTION-Unterprogramme

Form des Unterprogramms

```
t FUNCTION w(u1, u2, u3, ... un)
  .
  .
  .
  Kern der FUNCTION, gleich wie ein FORTRAN-Programm
  aufgebaut.
  .
  .
  .
① w = a
  .
  .
  .
  RETURN
  END
```

t Typ der FUNCTION bei expliziter Vereinbarung. Bei impliziter Vereinbarung (t fehlt dann) bezeichnet der erste Buchstabe von w den Typ.

w Name der FUNCTION, gebildet wie ein Variablenname.

u_i Namen der formellen Parameter, also Variablen- oder Feldnamen.

a arithmetischer Ausdruck

Form des Aufrufs im Hauptprogramm

Der Aufruf kann in jedem arithmetischen Ausdruck stehen und hat die Form

② w $(a_1, a_2, a_3, \ldots a_n)$

w Name der aufgerufenen FUNCTION

a_i aktuelle Parameter, also Namen von Variablen oder Feldern, Konstanten oder arithmetische Ausdrücke.

Wirkungsweise

Wie das SUBROUTINE-Unterprogramm.

4.3. FUNCTION-UNTERPROGRAMME

Neben der Unterprogramm-Art SUBROUTINE gibt es noch die Unterprogramm-Art

FUNCTION.

Die eingebauten FORTRAN-Funktionen sind solche FUNCTION-Unterprogramme.

Wollen Sie aber ein solches FUNCTION-Unterprogramm selbst schreiben, so sind folgende Punkte, die unterschiedlich zu den Subroutinen sind, zu beachten:

- Dem Namen des FUNCTION-Unterprogrammes wird im Unterprogramm ein Resultat zugewiesen ①. Deshalb hat die Funktion einen Typ, der durch
    - (implizit) den ersten Buchstaben des FUNCTION-Namens gegeben ist (I, J, K, L, M, N ergeben INTEGER-Typ, alle andern ersten Buchstaben ergeben REAL-Typ),
      oder
    - (explizit) durch die Angabe des Typs der Funktion vor dem Titel des Unterprogramms gegeben ist.

- Im Unterprogramm muss mindestens einmal eine Anweisung erscheinen, in der dem Namen der FUNCTION (Name ohne Parameter) ein Wert zugewiesen wird. Der Name der FUNCTION muss also mindestens einmal auf der linken Seite einer Ergibt-Anweisung erscheinen ①.
- Für den Aufruf im Hauptprogramm kann der Name der FUNCTION mit aktuellen Parametern wie eine Variable verwendet werden ②. Der Name mit den Parametern kann zum Beispiel in einem arithmetischen Ausdruck stehen.

NOTIZEN

5. FELDER

① Die DIMENSION-Anweisung

Form DIMENSION $w_1(i_{11},i_{12}, \dots i_{1n}), w_2(i_{21}, i_{22}, \dots i_{2m}), \dots$

w_i Feldnamen, gebildet wie Variablennamen

i_{ii} INTEGER-Konstanten; maximal sieben (kleinere Compiler Versionen erlauben bis 3 pro Feldname), minimal eine Konstante. Die Konstanten dürfen nicht kleiner als 1 sein.

Wirkungsweise

Die DIMENSION-Anweisung gibt dem Compiler an, wieviel Platz er für ein Feld bereitstellen muss. Deshalb muss die DIMENSION-Anweisung ganz am Anfang (nach den Typvereinbarungen) stehen.

Beispiel

Die folgende DIMENSION-Anweisung reserviert folgende Plätze:
DIMENSION ARR(3),BS(2,2),NTAB(3,2,3),SCH(4)

ARR(1)	ARR(2)	ARR(3)	BS(1,1)	BS(2,1)	BS(1,2)	BS(2,2)	NTAB (1,1,1)
NTAB (2,1,1)	NTAB (3,1,1)	NTAB (1,2,1)	NTAB (2,2,1)	NTAB (3,2,1)	NTAB (1,1,2)	NTAB (2,1,2)	NTAB (3,1,2)
NTAB (1,2,2)	NTAB (2,2,2)	NTAB (3,2,2)	NTAB (1,1,3)	NTAB (2,1,3)	NTAB (3,1,3)	NTAB (1,2,3)	NTAB (2,2,3)
NTAB (3,2,3)	SCH(1)	SCH(2)	SCH(3)	SCH(4)			

Die Variablen-Art

indizierte Variable

erhöht die Möglichkeiten in FORTRAN-Programmen ganz wesentlich.

Die indizierte Variable ist Element eines Feldes (Array). Dieses hat einen Namen, der wie die Variablennamen gebildet ist und dessen Typ auch nach denselben Regeln vereinbart wird. Alle Elemente des Feldes sind von diesem Typ. Sie werden durch den oder die Indexe, die in Klammern hinter dem Feldnamen stehen, angesprochen. Deshalb nennt man sie auch indizierte Variablen.

Für jedes in einem Programm vorkommende Feld gehört eine DIMENSION-Anweisung (1). Sie gibt dem Compiler vor Ausführung des Programms bekannt, wie gross das Feld ist, d.h. wieviele indizierte Variablen in einem Feld enthalten sein sollen.

Lauten die Typ-Vereinbarung und die DIMENSION-Anweisung

```
REAL TAB
DIMENSION TAB(5)
```

so wird dadurch der Platz für fünf indizierte REAL-Variablen

TAB(1)   TAB(2)   TAB(3)   TAB(4)   TAB(5)

bereitgestellt. Im Programm, das einer solchen DIMENSION-Anweisung folgt, darf der Wert des Index deshalb auch nur zwischen den Werten 1 und 5 liegen. Negative Indices oder Indices, die Null sind, sind immer verboten.

Diese indizierten Variablen kann man jetzt in Ergibt-Anweisungen einsetzen, wie wenn es die gewöhnlichen Variablen wären, die Sie schon kennen.

ZUSATZINFORMATION

Verwechseln Sie nie
indizierte Variable, bzw. Felder
und
Funktionen, bzw. Funktionsaufrufe!

TR(8) in der Anweisung S = TR(8) wird
- als indizierte Variable aufgefasst, falls am Anfang des Programms eine DIMENSION-Anweisung erscheint,
- andernfalls als Funktion aufgefasst Fehlt aber ein Unterprogramm TR, so wird der Compiler eine Fehlermeldung herausschreiben, das Programm wird nicht ausgeführt werden können.

NOTIZEN

① Erlaubte Formen für den Index bei indizierten Variablen

Grundform: i*j±i (Konstante) mal (Variable) plus/minus (Konstante)

i	INTEGER-Konstante
j	INTEGER-Variable, nicht indiziert

Erlaubte Spezialfälle

Symbolisch	Beispiele	
i * j + i	TAB(7*NR+155)	PO(3*I+1,3*I2+4,2)
i * j - i	PR(234*T-2)	S(8*LØ-3,IØ)
i * j	SUSI(13*L)	SUSIQ(2*ND,2*ND)
j - i	DA(NT-3)	LAS(HR-2,HR+2)
j + i	SRS(I+1)	D(I,I,I,I,I,I+1)
j	TU(L)	R(2,4,3,L)
i	PSTR(7)	QSTR(7,2,4,3)

Der Programmierer muss dafür sorgen, dass der Index
- nicht kleiner als 1 und
- nicht grösser als in der DIMENSION-Anweisung werden kann.

Sind Sie nicht sicher im Gebrauch dieser Regeln, so können Sie die Anweisung

```
P = TAB(7*NR+155)
```

auch folgendermassen schreiben:

```
I = 7*NR + 155
P = TAB(I)
```

Das ist vorsichtiger, braucht aber vielleicht etwas mehr Rechenzeit und einen zusätzlichen Speicherplatz.

Variablen können auch mehrfach indiziert werden. Die einzelnen Indices werden dann durch Kommas voneinander getrennt. Felder, deren Elemente solche Variablen sind, nennt man mehrdimensional.

Ein-dimensionales Feld	A
DIMENSION-Anweisung	A(5)
Elemente (einfach-indizierte Variablen)	A(1),A(2),A(3),A(4),A(5)
Zwei-dimensionales Feld	B
DIMENSION-Anweisung	B(2,2)
Elemente (zweifach-indizierte Variablen)	B(1,1),B(2,1),B(1,2),B(2,2)

Die mathematische Formel $c_{21}=a_{21}b_{11}+a_{22}b_{21}$

wird mit Hilfe von indizierten Variablen geschrieben als

```
C(2,1)=A(2,1)*B(1,1)+A(2,2)*B(2,1)
```

Anstelle einer INTEGER-Konstante kann als Index einer indizierten Variablen auch eine INTEGER-Variable oder ein nach bestimmten Regeln gebildeter INTEGER-Ausdruck stehen. Die Möglichkeiten sind in der nebenstehenden Tabelle (1) dargestellt.

ZUSATZINFORMATION

Mit Feldern muss man ökonomisch umgehen, denn sie brauchen oft viel Platz im Speicher.
Ein Feld, das durch die Anweisung

```
DIMENSION F(100,100,100)
```

vereinbart wird, braucht bereits $100^3=10^6$ Speicherplätze, was über die Kapazität der meisten Anlagen geht.

NOTIZEN

6. FORMAT-ANWEISUNGEN

Nr. der Ein-/Ausgabe-
einheit

WRITE(6, 1Ø7) ASTR, BSTR

Nr. der FORMAT-
Anweisung ①

Auszudruckende
Variablen

```
107 FORMAT (F12.3,F8.2)
```

FORMAT-
Code

Feldspezifi-
katoren,
durch Kommas
getrennt
②

Zur Variablen ASTR gehört der Feldspezifikator F12.3, zur Variablen BSTR der Feldspezifikator F8.2 .

<u>FORMAT-Codes</u>

FORMAT-Code	Eingabe		Ausgabe
	Extern Lochkarte	Intern, Arbeitsspeicher	Extern, Schnelldrucker
I	INTEGER-Zahl	interne Darstellung für INTEGER-Zahlen	INTEGER-Zahl
F	REAL-Zahl in Dezimalpunktdarstellung	interne Darstellung für REAL-Zahlen	REAL-Zahl in Dezimalpunkt-Darstellung
E	REAL-Zahlen in Exponentialdarstellung	interne Darstellung für REAL-Zahlen	REAL-Zahlen in Exponential-Darstellung
D	DOUBLE PRECISION-Zahlen in Exponentialdarstellung	interne Darstellung für DOUBLE PRECISION-Zahlen	DOUBLE PRECISION-Zahlen in Exponential-Darstellung
A	Alphanumerische Zeichenreihen	interne Darstellung für alphanumerische Daten	Alphanumerische Zeichenreihen
H	-	-	überträgt alphanumerische Zeichenreihen von der FORMAT-Anweisung in das Ausgabemedium
X	überliest Spalten	-	überspringt Stellen
/	überliest Karten	-	überspringt Zeilen

Sie erinnern sich sicher noch, dass zu jeder READ- oder WRITE-Anweisung eine FORMAT-Anweisung gehört. Die Anweisungsnummer der FORMAT-Anweisung steht ja als zweiter Parameter in der READ- bzw. in der WRITE-Anweisung in der Klammer ①.

Die FORMAT-Anweisungen haben folgenden Zweck:

FORMATE zu READ-Anweisungen

Sie stellen die richtige Interpretation der Daten im Eingabemedium (z.B. in einer Lochkarte) der Eingabeeinheit (z.B. des Lochkartenlesers Nr. 5) und den Transport in den Arbeitsspeicher sicher.

Durch die einzelnen FORMAT-Elemente, die Feldspezifikatoren, gibt die FORMAT-Anweisung dem Compiler bekannt, wie die einzulesenden Variablen auf dem Eingabemedium vorhanden sind, also ob zum Beispiel der Wert einer REAL-Variable mit fünf oder mit nur einer Stelle nach dem Dezimalpunkt gelocht ist. Ausserdem gibt die FORMAT-Anweisung an, wo genau auf dem Eingabemedium die Daten zu suchen sind.

FORMATE zu WRITE-Anweisungen

Sie stellen den Transport der Daten vom Arbeitsspeicher nach dem Ausgabemedium (z.B. Endlosformular) der Ausgabeeinheit (z.B. des Schnelldruckers) und dort die richtige Interpretation der Daten sicher.

Hier geben die Feldspezifikatoren ② dem Compiler an, wie die auszudruckenden Daten darzustellen sind, also ob z.B. eine REAL-Variable mit 3 oder mit 7 Stellen nach dem Dezimalpunkt ausgedruckt werden soll. Weitere Angaben in der FORMAT-Anweisung geben dem Compiler Auskunft darüber, wo genau auf dem Ausgabemedium die auszudruckenden Variablen stehen sollen.

ZUSATZINFORMATION

Wir sehen uns hier nur die FORMAT-Anweisung in Zusammenhang mit READ-Anweisungen (Lesen von Karten) und WRITE-Anweisungen (Schreiben auf Endlospapier) an. Aehnlich sehen die FORMAT-Anweisungen für das Lesen von Band, Magnetplatte, Lochstreifen aus, bzw. für das Schreiben auf Band, Magnetplatte, Lochstreifen oder für das Lochen von Karten.

NOTIZEN

EINGABE

Code	Programmausschnitt	Eingabe-Lochkarte
I	READ (5,101) K1, K2 101 FORMAT (I6,I3)	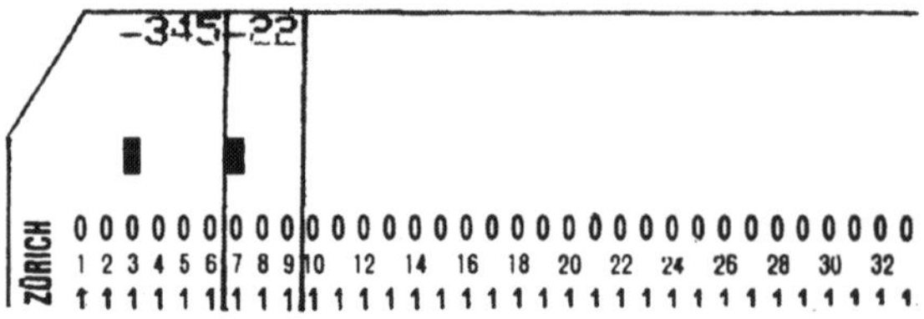
I	READ (5,102) K3,K4,K5,K6 102 FORMAT (2I3,I4,3X,I7)	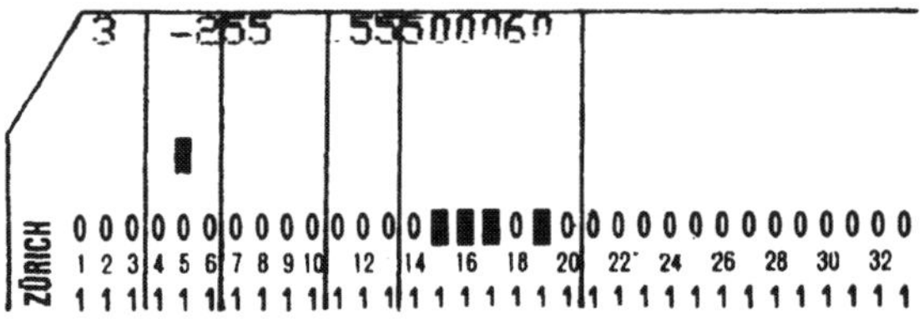
F	READ (5,103) R1,R2,R3 103 FORMAT (2X,F4.0,F6.0,1X,F2.0)	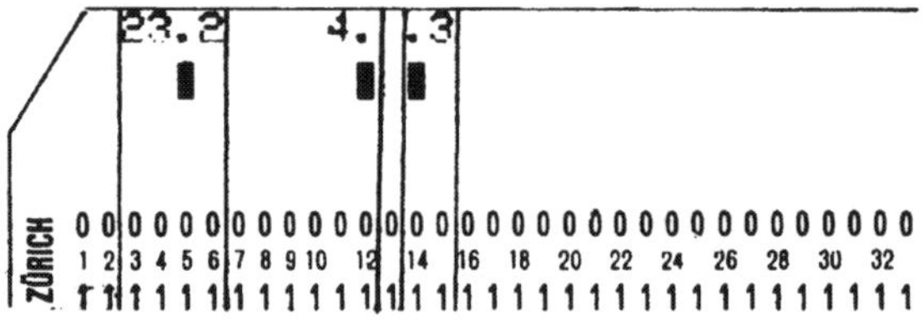
F	READ (5,104) R4,R5,R6,R7 104 FORMAT (F5.0,F5.1,F5.2,F5.4)	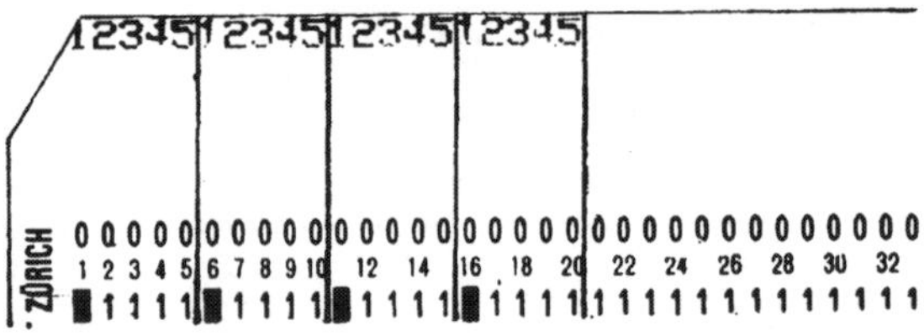

Interne Darstellung	Bemerkungen
K1 K2 -345 -22	Negative Vorzeichen müssen, positive dürfen gelocht werden.
K3 K4 +30 -2 K5 K6 +5500 +5000600	2I3 bedeutet dasselbe wie I3, I3. Durch 3X werden die Kolonnen 11, 12 und 13 überlesen.
R1 R2 +23.2 +4.0 R3 +0.3	Der Parameter 0 in F4.0, F6.0 und F2.0 ist irrelevant, wenn die eingelesene REAL-Zahl mit einem Punkt gelocht wurde. Im andern Fall bezeichnet er die Anzahl Stellen hinter dem Dezimalpunkt.
R4 R5 +12345.0 +1234.5 R6 R7 +123.45 +1.2345	Wird mit einem Format F5.4 eine Zahl 1234.5 eingelesen, so dominiert die Darstellung auf der Lochkarte.

Code	Programmausschnitt	Eingabe-Lochkarte
F	`READ (5,105) R9,R10,R11` `105 FORMAT (F5.3,8X,F2.0,F18.0)`	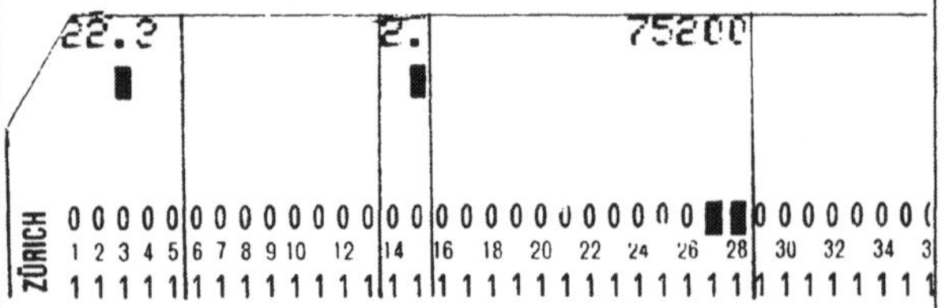
E	`READ (5,106) G1,G2,G3` `106 FORMAT (F12.0,F8.0,2X,E9.0)`	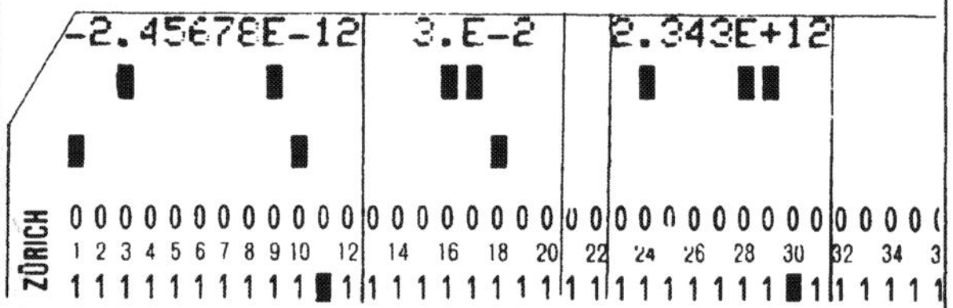
E	`READ (5,107) G4,G5` `107 FORMAT (F14.7,F16.3)`	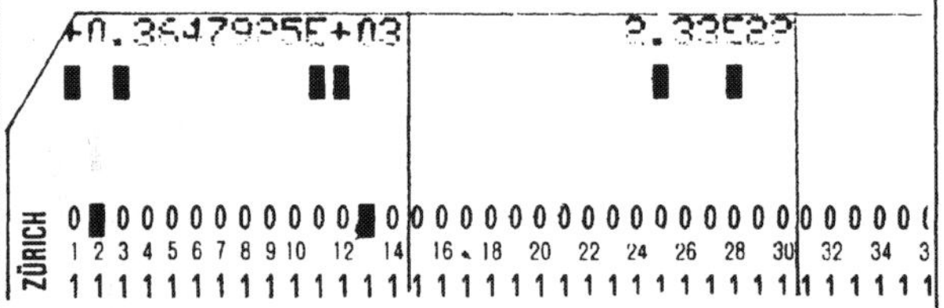
D	`READ (5,108) DP1,DP2` `108 FORMAT (D20.0,D13.0)`	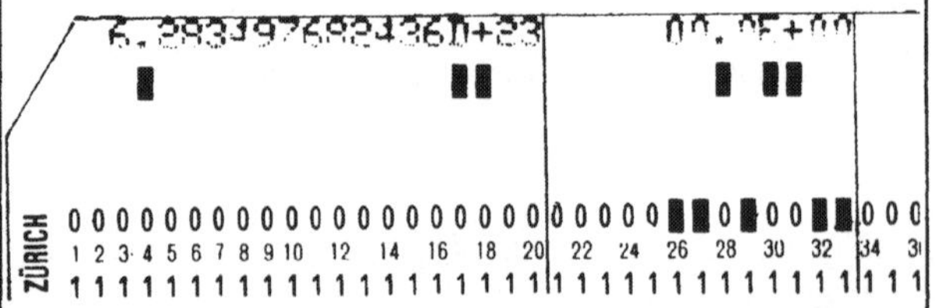

Interne Darstellung	Bemerkungen
R9 R10 +22.30 +2.0 R11 +7520000000.0 oder +0.7520000E+10	Falls auf der Lochkarte nicht Platz gespart werden muss, sollte man der besseren Uebersichtlichkeit wegen den Dezimalpunkt lochen.
G1 G2 -2.45678E-12 +3.0E-20 G3 +2.343E+12	Beim E- und D-FORMAT ist der Dezimalpunkt obligatorisch. Der Exponent (Zahl nach dem Buchstaben E) darf inkl. Vorzeichen nicht mehr als drei Stellen aufweisen.
G4 +0.3647925E+03 G5 +2.33E+22	Beim E-FORMAT ist es am sichersten, die Eingaben in der Form $\pm$ 0.vvvvvvvE$\pm$ee zu schreiben und dazu das FORMAT E 14.0 oder E 14.7 zu gebrauchen.
DP1 +6.283497682436D+23 DP2 +0.0D+0	Eine sichere Form für das D-FORMAT ist $\pm$0.vvvvvvvvvvvvvvvvD$\pm$dd (entspricht D23.16 od. D23.0) Die maximale Anzahl Stellen, die man sinnvollerweise noch einlesen kann, ist maschinenabhängig.

Code | Programmausschnitt | Eingabe-Lochkarte

A

```
    READ (5,109) L1,L2
109 FORMAT (A4,A2)
```

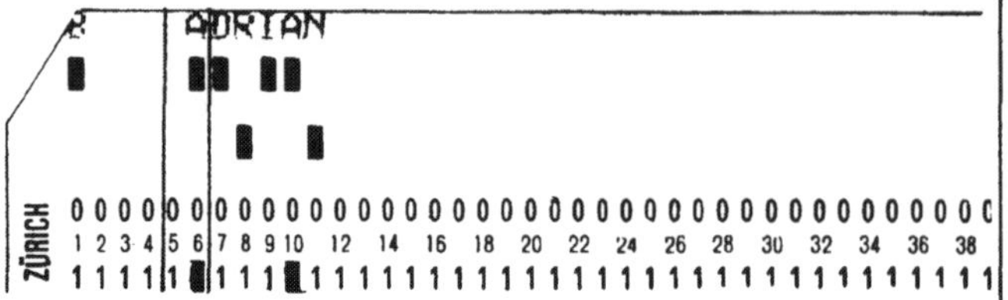

A

```
    READ (5,110) (LF(I),I=1,30), L3
110 FORMAT (30A1,2X,A4)
```

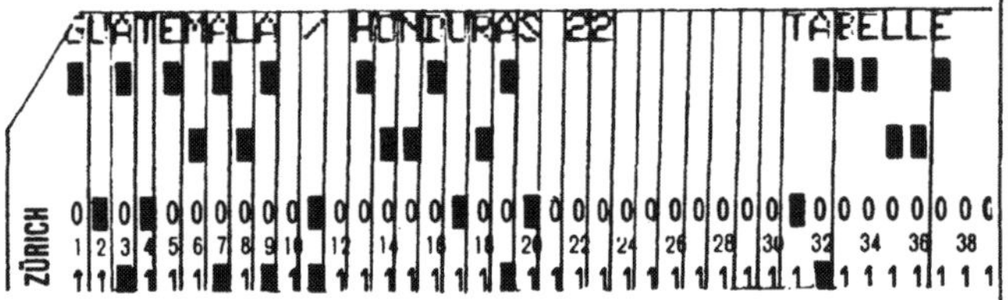


```
    READ (5,111) (A(I),I=1,3),AS,ID(3)
111 FORMAT ( F10.0,2F8.0,D5.0,I1)
```

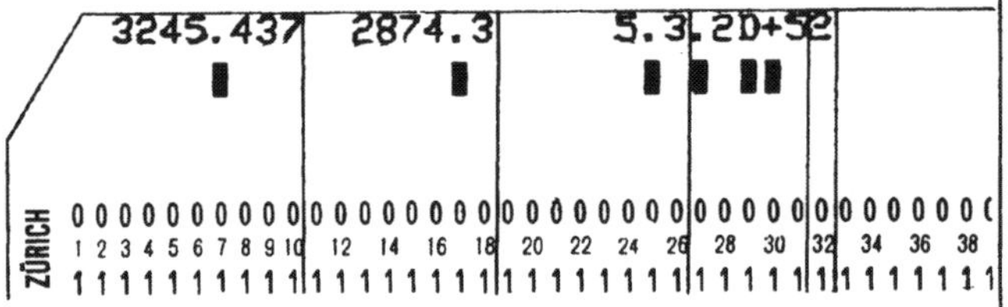


```
    READ (5,112) AS,G3,PHI
112 FORMAT (2X,E9.0,D16.0,F4.1)
```

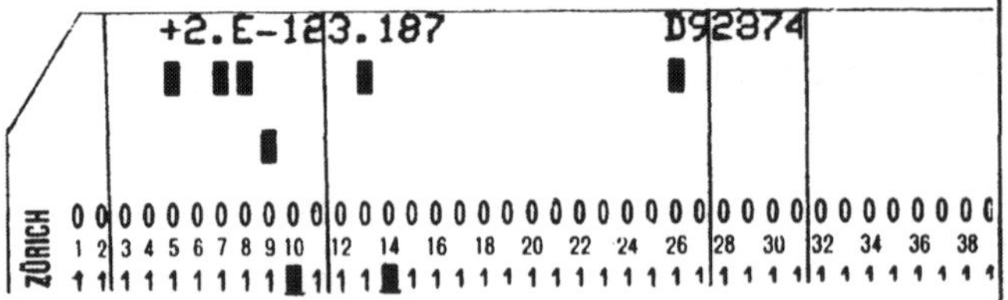

Interne Darstellung	Bemerkungen
L1 L2 Bttt tA	Das Zeichen t bedeutet die Speicherung einer Leerstelle. Die maximale Anzahl alphanumerischer Zeichen, die auf einem Speicherplatz abgelegt werden kann, ist meistens klein (zwischen 2 und 10).
LF(1) LF(2) LF(3) ... LF(29) LF(30) G U A t t L3 BELL	(LF(I),I=1,30) bedeutet in einer READ- oder WRITE-Anweisung dasselbe wie LF(1),LF(2),LF(3),LF(4),..,LF(29),LF(30)
A(1) A2 A3 +3245.437 +2874.3 +5.3 AS ID(3) +0.2D+05 +2	Damit dieses Einlesen spielt, muss AS als DOUBLE PRECISION-Variable vereinbart sein.
AS G3 +2.0E-12 +3.187000000000D+09 PHI +287.4	Falls nicht ausdrücklich vorgeschrieben, sind die Variablen besser nicht gedrängt am Lochkartenanfang zu definieren.

AUSGABE

Code	Programmausschnitt	Interne Dartesllung der Daten
I	`WRITE (6,120) KA,KB,KC,KD` `120 FORMAT (1H ,3X,I5,I7,2(I3,2X))`	KA KB KC -3320 +869 0 KD -229
I	`WRITE (6,121) KF,KE,KF,KE` `121 FORMAT (1H ,I6,2X,I5,2X,I4,2X,I3)`	KE -2539
F	`WRITE (6,122) RF1,RF2,RF3,RF4` `122 FORMAT (1H ,F7.3,F3.1,1X,F8.6,F5.0)`	RF1 RF2 -3.778 +8.7 RF3 RF4 +2.32 -18.3672
F	`WRITE (6,123) RF5,RF5,RF5,RF5,RF5,RF5` `123 FORMAT (1H ,2X,F8.3,F7.2,F6.1/1H ,F6.2,F5.2,F4.2)`	RF5 -61.22

Ausgabe/Bemerkungen

-3320 869 0 ***	Positive Vorzeichen werden nicht gedruckt. 2(I3,2X) entspricht I3,2X,I3,2X.
-2539 -2539 **** ***	Die beiden letzten KE wurden nicht ausgedruckt, weil -2539 nicht in I4 oder I3 Platz hat.
-3.7788.7 2.320000 -18.	Im F-,E- und D-Format bezeichnet die Zahl nach dem Punkt die Anzahl Stellen nach dem Dezimalpunkt in der Ausgabe.
-61.220 -61.22 -61.2 -61.22*********	Der Querstrich (/) wird gebraucht, um auf eine neue Zeile zu schalten.

Code	Programmausschnitt	Interne Darstellung der Daten
E	`WRITE (6,124) RE1,RE1,RE2,RE2` `124 FORMAT (1H ,E18.8,2X,E13.4,E16.7,E7.0)`	RE1 223.1027 RE2 0.4436E-8
E	`WRITE (6,125) RE3,RE3,RE3,RE3,RE3` `125 FORMAT (1H ,E16.9,E15.8,E14.7,2X,E13.7,2X,E12.7)`	RE3 -0.2783471E+10
D	`WRITE (6,126) DP1,DP1,DP2,DP2` `126 FORMAT (1H ,2(D23.16,2X,D10.3/1H ))`	DP1 -123.4567890123456D+12 DP2 +36.0E+0
A	`WRITE (6,127) L1,L2,L3` `127 FORMAT (1H ,A3,4X,A1,2X,A3)`	L1 L2 B12 + L3 &CO␢

Ausgabe/Bemerkungen

```
0.2231027CE 03      0.2231E 03    0.44360CCE-08 0.F-08
```

Zahlen im E- oder D-FORMAT werden immer in der Form (±)0. .... ausgedruckt.

```
-0.278347100E 10-0.278347l0E 10-0.2783471E 10  *************   ***********
```

Unbekannte Stellen werden als 0 ausgedruckt. Zwischen w und d in Ew.d muss ein Unterschied von mindestens 7 bestehen.

```
 -0.1234567890123456D 15   -0.123D 15
  0.3600000000000000D 02     0.360D 02
```

Wenn die Klammern aufgelöst werden, sieht das FORMAT folgendermassen aus:
(1H ,D23.16,2X,D10.3/1H ,D23.16,2X,D10.3/1H)
Man könnte auch schreiben:
(2(1H ,D23.16,2X,D10.3/)/)

```
B12     +   &C0
```

Die Variablen L1, L2 und L3 können als REAL oder INTEGER vereinbart sein.
Rechnen kann man mit diesen Daten nicht.

Code	Programmausschnitt	Interne Darstellung der Daten
A	`WRITE (6,128) L4,L4,L4,L4` `128 FORMAT (1H ,A5,1X,A4,1X,A3,1X,A2)`	L4 BART
H	`WRITE (6,129)` `129 FORMAT(30H BEISPIEL FUER HOLLERITH-CODE )`	
	`WRITE (6,130) PR1,ZU,AS,T(3)` `130 FORMAT (1H ,F7.2//1H ,E6.0,A4/I20)`	PR1 ZU 22.3 1.0E29 AS T(3) ƀ(?) -2
	`WRITE (6,131) (ALN(I),I=1,26),RF1,RF2` `131 FORMAT (1H ,26(A1,1X)/F16.6,11H TEILE VON ,F8.4)`	RF1 RF2 -3.778 +8.7 ALN(1) ALN(2) H A . . . . . ALN(25) ALN(26) ƀ ƀ

Ausgabe/Bemerkungen

```
BART BART BAR BA
```

Alphanumerische Daten werden, wenn sie in einem A-FORMAT-Code-Feld nicht genügend Platz haben, rechts abgeschnitten.

```
BEISPIEL FUER HOLLERITH-CODE
```

Die Zahl 30 entspricht der Anzahl Zeichen, die dem Buchstaben H folgen und die ausgedruckt werden sollen.

```
  22.30

0.E 30 (?)
                   -2
```

E6.0 ist das absolute Minimum für einen E-Code. Hat die Variable ein negatives Vorzeichen, so ist E7.0 das Minimum.

```
H A N S   M U E L L E R   &   C O
      -3.778000 TEILE VON   8.7000
```

In den Variablen ALN(I),I=1,...,26 ist HANS MUELLER & CO abgespeichert. Durch 26(A1,1X) wird dieser Name auseinandergezogen.

7. Loesungen

Lösungen

2/1 a) Zulässig sind

I
INDEX
LILI
KILO
XLCHZ
CHIQUA
O2326 (O ist der Buchstabe, Ø die Zahl)
TØØØ

Nicht zulässig sind

1ALPHA	Das erste Zeichen muss ein Buchstabe sein
READ	Wird bereits in einem andern Zusammenhang gebraucht
N-GANZ	Keine Spezialzeichen
b3	Kleinbuchstaben existieren nicht
PR:1ØØ	Das Zeichen : existiert nicht
M234992	Zuviele Zeichen

b) Die Ausgabe sieht folgendermassen aus:

```
23.3  1.77342
1.77342
234 Ø.3 Ø
234  234  234
```

c) Man muss, neben den Regeln für die Bildung von Variablennamen, auch darauf achten, dass sie zweckmässig gewählt werden. In dieser Hinsicht sind die Namen O2326 und XLCHZ der Aufgabe a) nicht besonders gut.

Achten Sie deshalb auch in dieser Aufgabe darauf. Man kann diese Variablen zum Beispiel folgendermassen benennen:

Tageshöchsttemperatur	TMAX
Tagestiefsttemperatur	TMIN
Tagesdurchschnittst.	TDURCH
Wochenhöchsttemperatur	WMAX
Wochentiefsttemperatur	WMIN
Wochendurchschnittst.	WDURCH
Tag	TAG
Monat	MONAT
Jahr	JAHR

2/2 a) Bemerkung: Ausser der vierten Konstante sind alles REAL-Konstanten. Die letzte Konstante ist eine DOUBLE PRECISION-Konstante.

Stellt man alle Konstanten gleich dar, so ergibt sich:

7.73ØØØE5
7.73ØØØE5
7.73ØØØE5
-
7.73ØØØE2
7.73ØØØØØØD5

Es sind also einzig die erste, die zweite und die dritte Konstante gleich 773ØØØ. = 7.73ØØØE5.

b) Beachten Sie die Grenzen von INTEGER-Konstanten (4):

4.387E9   2 147 483 647 = 2.147483647E9

Diese REAL-Konstante kann also nicht als INTEGER-Konstante dargestellt werden.

Lösungen

2/2 c) 342.ØØ7533

Punkt, also REAL-Konstante oder DOUBLE PRECISION-Konstante. 9 signifikante Stellen, also DOUBLE PRECISION-Konstante.

32ØØØØØ7

INTEGER-Konstante mit 9 Ziffern, also zulässig.

ØØØØ8

INTEGER-Konstante mit 1 gültigen Stelle. Zulässig, (es ist nicht verboten, vor einer Zahl Nullen hinzusetzen).

-1Ø327324533377ØØØD+12

nicht zulässig, denn trotz dem Buchstaben D, also DOUBLE PRECISION, fehlt der Punkt.

2147483648

INTEGER-Konstante, jedoch um 1 zu gross, nicht zulässig.

2147483648.

10 Stellen und Dezimalpunkt, also DOUBLE PRECISION-Konstante, zulässig.

3.3DØ

DOUBLE PRECISION-Konstante mit 2 gültigen Stellen, also zulässig.

-3254E2

nicht zulässig, denn trotz dem Buchstaben E kein Dezimalpunkt.

235.77ØØØØØØØD7.2

DOUBLE PRECISION-Konstante, jedoch nicht zulässig, da im Exponent ein Punkt steht.

-3Ø65465365

INTEGER-Konstante, jedoch zu klein, da sie kleiner als $-(2^{31}-1)$ ist. Nicht zulässig.

3,141529

Ein Komma kann in einer Konstante nicht gebraucht werden, nicht zulässig.

d)

$-1Ø^{16}$	-1.E16	(-.E16 ist nicht möglich)
33,54	33.54	
Ø.Ø...Ø3	3.E-17 oder .3E-16	
1,2233ØØØØØ8	1.2233ØØØØØ8	(1.2233ØØØØØ8DØ braucht 2 Stellen mehr)
$373{,}2\cdot 1Ø^{-21}$	373.2E-21	

Lösungen

2/3 Auf der rechten Seite des Ergibtzeichens (=) dürfen nur Variablen oder Konstanten des gleichen Typs stehen, also folgt aus

Q=LSTR+57	LSTR	INTEGER-Variable
DQUER=BSTR/2.Ø	BSTR	REAL-Variable
DP=CSTR/RHOPKT+3.1415	CSTR	REAL-Variable
	RHOPKT	REAL-Variable.

Ueber die andern Variablen ist nichts Sicheres auszusagen. Immerhin darf angenommen werden, dass Q eine INTEGER-Variable, DQUER und DP REAL-Variablen sind.

Ueber RHO kann man überhaupt nichts aussagen.

Es gibt sich also die Möglichkeit

```
INTEGER LSTR,Q
REAL BSTR, CSTR, RHOPKT, DQUER, DP
```

dazu kommt noch die Vereinbarung

```
INTEGER RHO
```

oder

```
REAL RHO
```

oder

```
DOUBLE PRECISION RHO
```

Lösungen

2/4 a) aa) $\frac{a+b}{c-d}$ ab) $a + \frac{b}{c-d}$

ac) $\frac{a+b}{c} - d$ ad) $a + \frac{b}{c} - d$

Die Klammern in den Uebungen aa) bis ad) sind offenbar überall notwendig, denn ein Weglassen ergibt immer wieder andere mathematische Ausdrücke.

ae) AB ist eine Variable, ich nenne sie hier a_b

$a_b(d-a^3)$

af) $a \cdot \frac{b}{c \cdot d} = \frac{a \cdot b}{c \cdot d}$

ag) $\frac{a}{c} \cdot \frac{b}{d} = \frac{a \cdot b}{c \cdot d}$

ah) $\frac{a}{1+\frac{b}{2,7+c}}$

b) ba) `(A**(B+2.Ø))*C` oder `A**(B+2.Ø)*C`

bb) `A*(X+B*(X+C))`

bc) `P+Q*R/S+T**V-W`

bd) `((P+Q)*R)/((S+T)**(V-W))` oder `(P+Q)*R/(S+T)**(V-W)`

be) `(X/Y)**(R-1.Ø)`

bf) `(A**3+B**3)**Ø.5`

bg) `1.Ø(ALPHA+BETA/3.Ø)`

Sie haben aus der Lösung bf) gesehen, dass der Typ des Exponenten einer Potenz auch INTEGER sein kann, wenn alle andern Variablen REAL-typig sind. Das ist eine Ausnahme der Regel, die bei der Aufgabenstellung steht.

Falls B vom Typ REAL ist, so ist

-richtig: `B**2`
-falsch: `B + 2`
-richtig: `B + 2.` oder `B + 2.Ø`

Lösungen

2/4 c) 1) READ 5,1Ø1, A, B, C,

Das Klammerpaar fehlt, ausserdem ist das zweite und das 5. Komma überflüssig.
Korrigiert: READ (5,1Ø1) A, B, C

2) (P+Q)=A ist nicht zulässig, denn (P+Q) ist kein Variablenname.
Korrektur (zum Beispiel): PPLQ=A

3) WRITE (6) P+Q

Die Form ist falsch: Es fehlt die Nr. der FORMAT-Anweisung. Ausserdem ist P+Q als Variablenname illegal.
Korrektur (zum Beispiel): WRITE (6,1Ø2) PPLQ

4) Die beiden Zeilen

```
REAL A,B,C
INTEGER P,Q,DR,IS
```

gehören an den Anfang des Programms.

5) Die Form A**-5 ist illegal.

Korrektur: A**(-5)

6) A und C sind REAL-Variablen, also wird A/C auch REAL sein. Nehmen Sie einmal an, es sei A/C = Ø.5.
Wieviel ist dann (-5.3)**(A/C) ?
Sie haben recht, das ist nicht erlaubt, denn Wurzeln (d.h. Potenzen mit REAL-Exponenten) von negativen Zahlen sind nicht zulässig.

7) In der Anweisung

WRITE (6,1Ø1)

hat DR einen Wert, jedoch IS ist nicht berechnet worden. Ausserdem wird dieselbe FORMAT-Anweisung (Nr. 1Ø1) für einen READ- und einen WRITE-Befehl gebraucht, was meistens unmöglich ist.

8) Die FORMAT-Anweisungen fehlen.

Lösungen

2/5 Blockdiagramm:

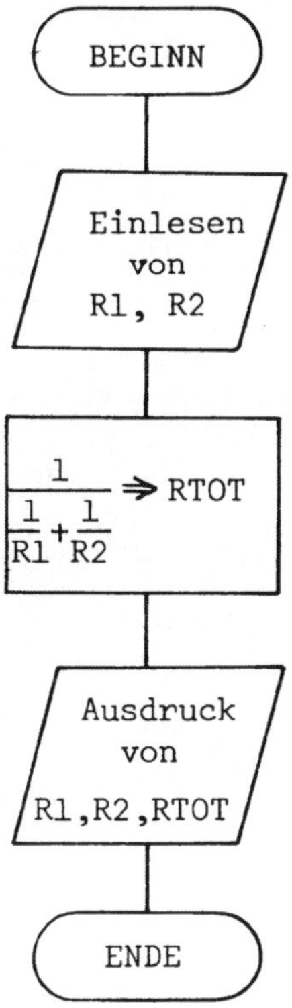

Programm:

```
C     WIEDERSTANDSBERECHNUNG
      REAL R1,R2,RTOT
      READ (5,60) R1,R2
   60 FORMAT (2F10.0)
      RTOT=1.0/(1.0/R1+1.0/R2)
      WRITE (6,61) R1,R2,RTOT
   61 FORMAT (1H ,3F18.2)
      STOP
      END
```

Ausdrücke wie r_{tot}, R_{tot} oder R_{TOT} sind in FORTRAN verboten. Wir werden später sehen, dass man einen solchen Index in eine Klammer schreiben kann: R(1), R(2).

Die Typ-Vereinbarung REAL R1, R2, RTOT wäre nicht nötig, da auch implizit diese Variablen vom Typ REAL sind.

Mit einer Eingabe von

```
1300.0    9000.
```

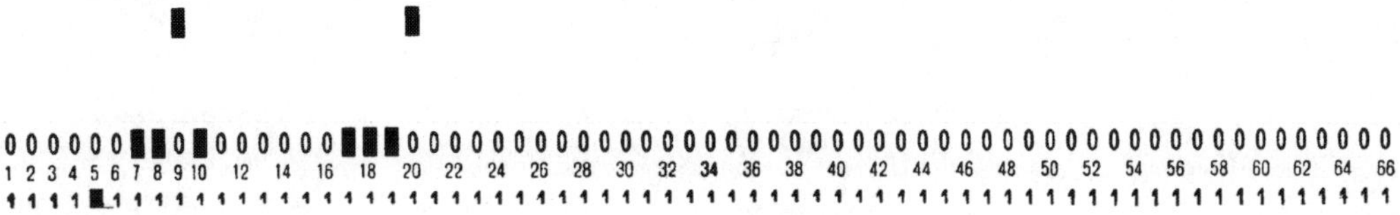

ergibt sich die Ausgabe

```
1300.00            9000.00            1135.92
```

Lösungen

2/5 b) Variablen in diesem Programm werden sein:

Variablenname in der Aufgabe	Variablenname im Programm	Typ
L	LANG	REAL
M	MASSE	REAL
N	MOLE	REAL
A	ATOME	REAL

ATOME überschreitet gewiss $2 \cdot 1Ø^{1Ø}$, denn 1 Mol besitzt bereits $6 \cdot 1Ø^{23}$ Atome; ATOME kann also nicht als INTEGER vereinbart werden.

Blockdiagramm

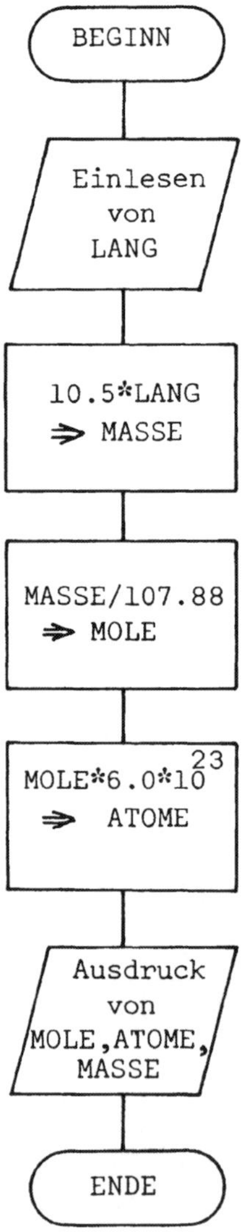

Programm

```
      REAL LANG,MASSE,MOLE,ATOME
      READ (5,101) LANG
  101 FORMAT (F10.0)
      MASSE=10.5*LANG**3
      MOLE=MASSE/107.88
      ATOME=MOLE*6.0E23
      WRITE (6,102) MOLE,ATOME,MASSE
  102 FORMAT (' ATOMANZAHLBERECHNUNG    ',3(F15.6,1X))
      STOP
      END
```

Mit einer Eingabe von

3.0

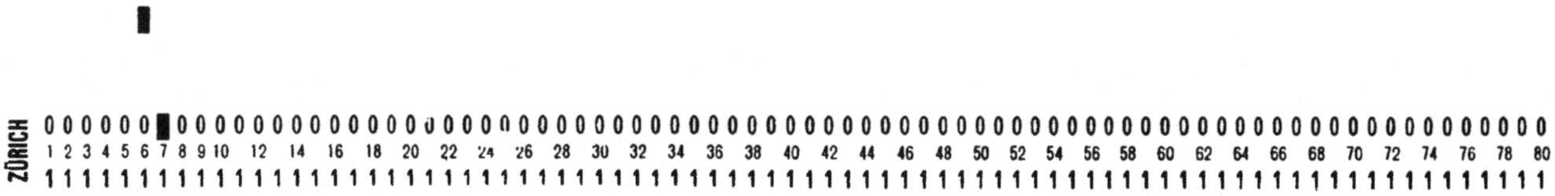

ergibt sich die Ausgabe

```
ATOMANZAHLBERECHNUNG      0.262792E 01     0.157675E 25     0.283500E 03
```

Lösungen

3/1 Für jede Aufgabe sind mehrere richtige Lösungen möglich. Ich gebe Ihnen jeweils eine. Falls Sie nicht durchgekommen sind, versuchen Sie, das Programm nach dem dazugehörigen Blockdiagramm selbst zu schreiben.

a) Blockdiagramm

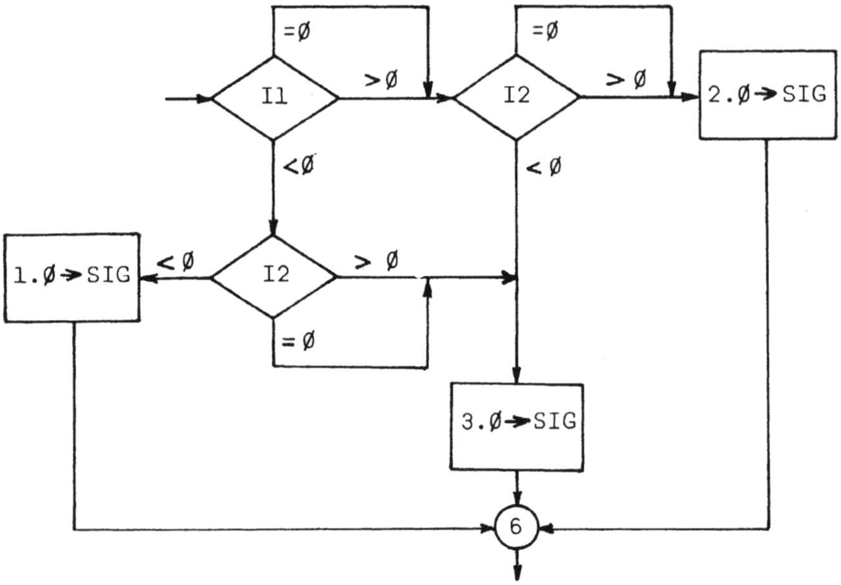

Programm

```
     IF (I1) 1,2,2
1    IF (I2) 3,4,4
2    IF (I2) 4,5,5
3    SIG=1.0
     GO TO 6
4    SIG=3.0
     GO TO 6
5    SIG=2.0
6
```

b) Blockdiagramm

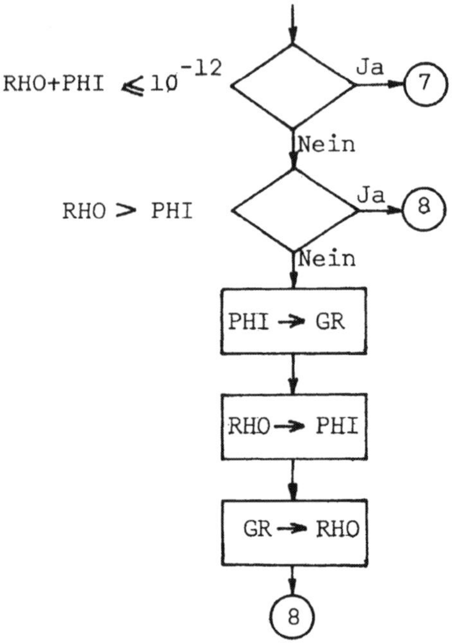

Programm

```
  IF (RHO+PHI .LE. 1.0E-12)  GO TO 7
  IF (RHO .GT. PHI)  GO TO 8
  GR=PHI
  PHI=RHO
  RHO=GR
  GO TO 8
7 RHO=0.0
  PHI=0.0
```

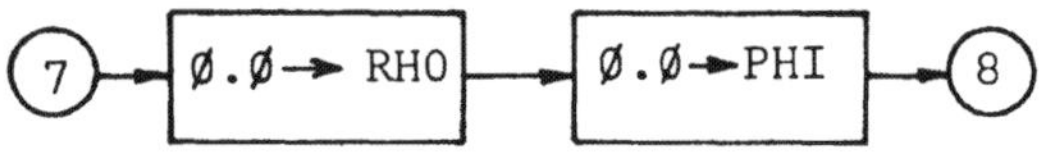

c)

```
IF ((IND.GT.349).AND.(INC.LT.367)) GO TO 45
IF (IND.LE.349)   STOP
```

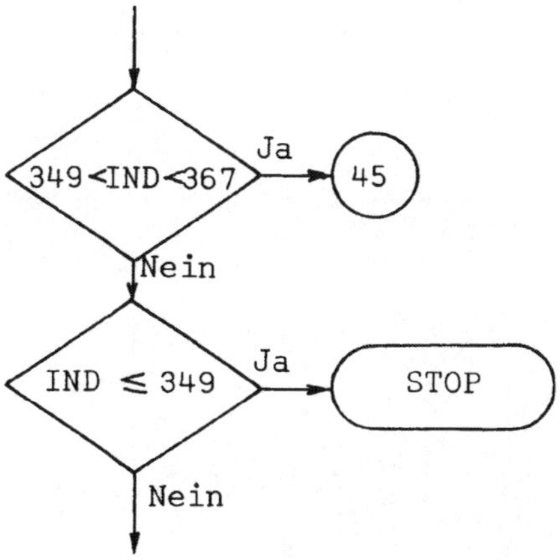

d)

Blockdiagramm

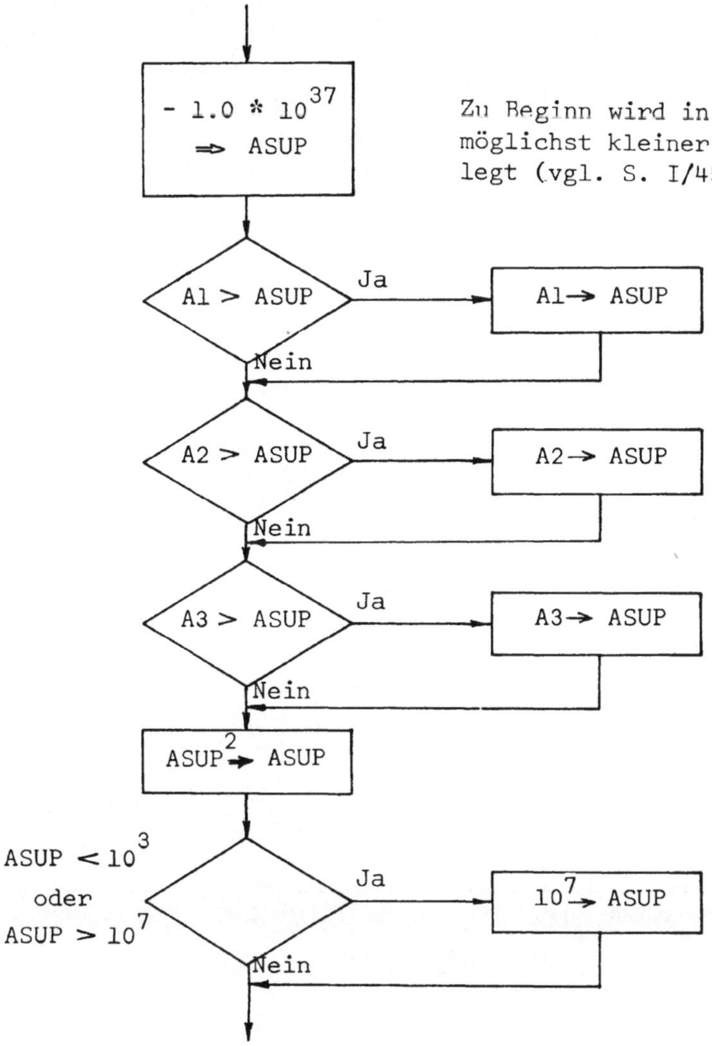

Zu Beginn wird in ASUP ein möglichst kleiner Wert gelegt (vgl. S. I/45).

Programm

```
9 ASUP=-1.CF37
  IF (A1 .GT. ASUP)   ASUP=A1
  IF (A2 .GT. ASUP)   ASUP=A2
  IF (A3 .GT. ASUP)   ASUP=A3
  ASUP=ASUP*ASUP
  IF ((ASUP.LT.1.0E3) .OR. (ASUP.GT.1.0E7))   ASUP=1.0E7
```

Lösungen

3/2

```
1 IF (J.LT.19ØØ) STOP  <------ Stoppt das Programm, ohne dass
  IF (J.LT.21ØØ) GO TO 2       etwas gedruckt wurde, so wissen
  IF (J.LT.22ØØ) GO TO 3       wir, dass etwas mit dem Wert J
  STOP                         nicht stimmt.
2 M=23
  N=4
  GO TO 4
3 M=24
  N=5
4 .......  ⎫
  .......  ⎬ Verarbeitung
  .......  ⎪
  .......  ⎭
  WRITE (6, 7Ø) J, D, P  <---- Hier wurde entgegen dem Block-
  IF (D+P-32.GT.Ø) GO TO 1     diagramm die Druckanweisung vor-
  STOP                         gezogen. Das darf man, wenn man
                               dadurch an der Logik des Programms
                               nichts ändert. In diesem Programm
                               war das Blockschema offenbar logisch
                               nicht "optimal".
```

Lösungen

3/3 Eine Uebersicht der Formeln, die zum Lösen dieser Aufgabe nötig sind, haben Sie bei der Aufgabenstellung gefunden.

Als Erstes sollten Sie deshalb ein Blockdiagramm zeichnen.

Man kann in dieser Aufgabe vier Teile unterscheiden:

- Im ersten Teil werden die x- und die y-Werte eingelesen und die entsprechenden Summen ermittelt.
- Im zweiten Teil werden die Durchschnitte $\bar{x}$ und $\bar{y}$ berechnet.
- Im dritten Teil wird r berechnet und das Programm abgebrochen, falls r nicht zwischen -1 und +1 liegt oder falls r=0 ist.
- Im vierten Teil werden die Koeffizienten der Regressionsgeraden c_1, c_2, c_3 und c_4 berechnet und ausgedruckt. Die anderen gebrauchten Variablen sollten ebenfalls ausgedruckt werden.

Falls Sie bis jetzt noch kein Blockdiagramm gezeichnet haben, wollen Sie es nicht doch noch versuchen, bevor Sie die nächste Seite aufschlagen?

(PS Wer wagt, gewinnt !)

3/3 Fortsetzung

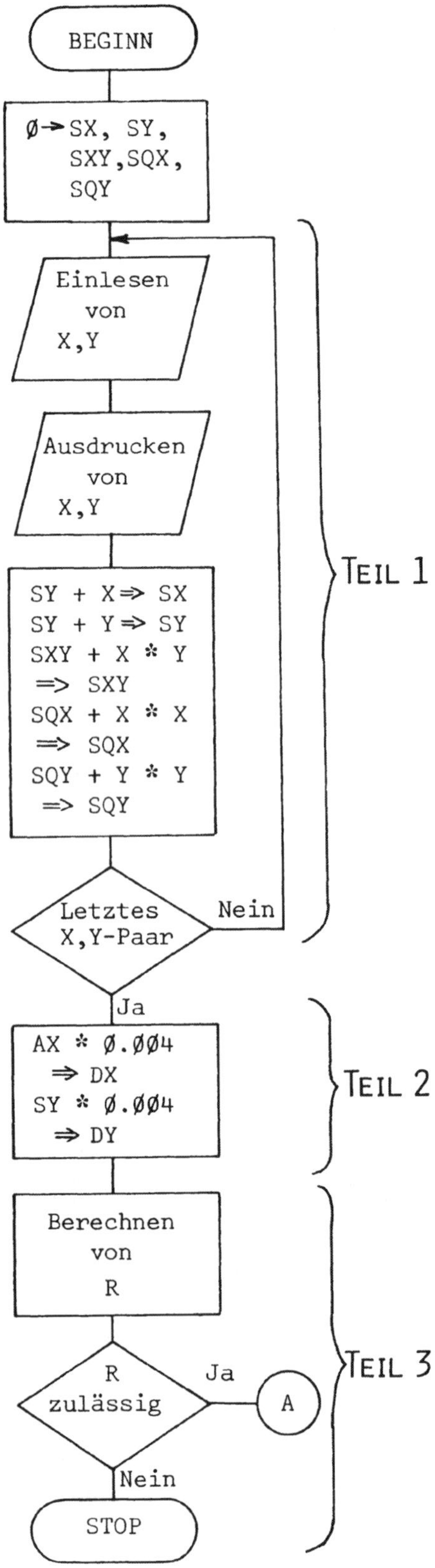

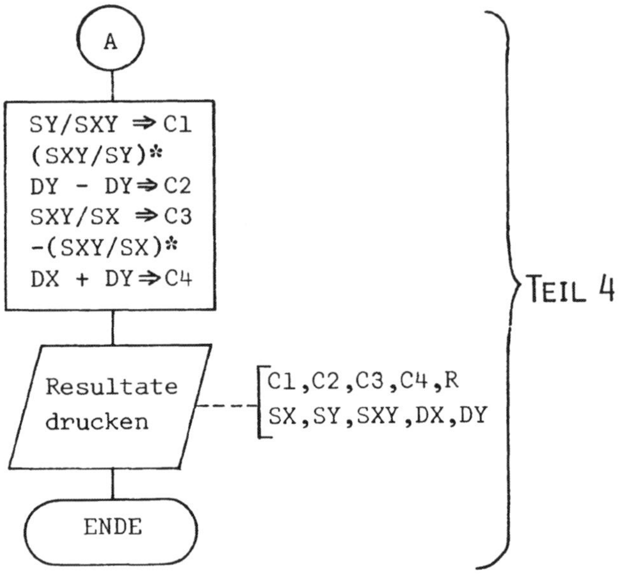

Sie haben wohl bei der Analyse festgestellt, dass die folgende Formulierung der Computerverarbeitung besser entspricht, als die mathematisch-statistische Formel in der Aufgabenstellung:

$$R = \frac{\Sigma XY - \frac{1}{n}\Sigma X \Sigma Y}{\sqrt{\left(\Sigma X^2 - \frac{1}{n}(\Sigma X)^2\right)\left(\Sigma Y^2 - \frac{1}{n}(\Sigma Y)^2\right)}}$$

Lösungen

3/3 Fortsetzung

```
C    STATEMENT                                                    FORTRAN STATEMENT
      DATA SX,SY,SXY,SQX,SQY /5*Ø.Ø/
      DO 1 N = 1,25Ø
      READ (5,1Ø1) X,Y
  1Ø1 FORMAT (2F1Ø.Ø)
      WRITE (6,1Ø2) X,Y
  1Ø2 FORMAT (5H X = ,E14.7,5H Y = ,E14.7.5H N = ,I3)
      SX = SX + X
      SY = SY + Y
      SXY = SXY + X*Y
      SQX = SQX + X*X
    1 SQY = SQY + Y*Y
      DX = SX * Ø.ØØ4
      DY = SY * Ø.ØØ4
      R = (SXY - SX*DY)/SQRT((SQX - SX*DX)*(SQY - SY*DY))
      IF (R.GT.1.Ø .OR. R.LT.(-1.Ø) .OR. R.EQ.Ø.Ø) STOP
      C1 = SY/SXY
      C2 = SXY*DY/SY - DX
      C3 = SXY/SX
      C4 = -(SXY*DX/SX) + DY
      WRITE (6,1Ø3) C1,C2,C3,C4,R,SX,SY,SXY,DX,DY
  1Ø3 FORMAT (//6H C1 = ,E14.7,6H C2 = ,E14.7,6H C3 = ,E14.7,6H C4 = ,E1
     *4.7,5H R = ,E14.7/6H SX = ,E14.7,6H SY = ,E14.7,6H SXY= ,E14.7,6H
     *DX = ,E14.7,6H DY = ,E14.7)
      END
```

*A standard card form, IBM electro 888157, is available for punching statements from this form

3/3 Schluss

Ist die Eingabe (durch die 1. WRITE-Anweisung ausgedruckt):

```
X=  0.37100C0E 01    Y=  0.212C000E 01
X=  0.432C0CCE 01    Y=  0.295CCC0F 01
X=  0.5820CC0E 01    Y=  0.386C0CCE 01
X=  0.6220000E 01    Y=  0.755CCCCE 01
X=  0.738CCCCE 01    Y=  0.8320CCCE 01
```

so sieht die Ausgabe folgendermassen aus :

```
C1= 0.1431304E 01   C2=-0.2C24631E C1
C3= 0.1321596E C1   C4=-0.2295563E C1
R=  C.960912CE CC

SX=        C.7395606E CC   SY=        C.1398958E C1   SXY=       C.9774CC8E CC
XCUER=       0.5489998E C1   YCUER=       0.4959997E 01
```

Lösungen

4/1

aa)

```
P=1.Ø/COS(A)-ALOG(SIN(A/2.Ø)/COS(A/2.Ø))
```

ab)

```
F=X*ATAN(X/A)+A/2.Ø*ALOG(A*A+X*X)
```

ac)

```
B=EXP(X/SQRT(2.))*COS(SQRT(X/2.Ø+3.141592/8.Ø))/2.Ø*SQRT(X)
```

b)

```
      DO 1 I=1,60
      A=I*0.0174533
      S=SIN(A)
      C=COS(A)
      WRITE (6,102) I,A,S,C
    1 CONTINUE
      RETURN
  102 FORMAT (' GRAD ',I2,'    BOGENMASS ',F6.4,6X,
     *        'SINUS ',F6.4,'    COSINUS ',F6.4)
      END
```

Lösungen

4/1 b) Schluss

GRAD	1	BOGENMASS	0.0175	SINUS	0.0175	COSINUS	0.9998
GRAD	2	BOGENMASS	0.0349	SINUS	0.0349	COSINUS	0.9994
GRAD	3	BOGENMASS	0.0524	SINUS	0.0523	COSINUS	0.9986
GRAD	4	BOGENMASS	0.0698	SINUS	0.0698	COSINUS	0.9976
GRAD	5	BOGENMASS	0.0873	SINUS	0.0872	COSINUS	0.9962
GRAD	6	BOGENMASS	0.1047	SINUS	0.1045	COSINUS	0.9945
GRAD	7	BOGENMASS	0.1222	SINUS	0.1219	COSINUS	0.9925
GRAD	8	BOGENMASS	0.1396	SINUS	0.1392	COSINUS	0.9903
GRAD	9	BOGENMASS	0.1571	SINUS	0.1564	COSINUS	0.9877
GRAD	10	BOGENMASS	0.1745	SINUS	0.1736	COSINUS	0.9848
GRAD	11	BOGENMASS	0.1920	SINUS	0.1908	COSINUS	0.9816
GRAD	12	BOGENMASS	0.2094	SINUS	0.2079	COSINUS	0.9781
GRAD	13	BOGENMASS	0.2269	SINUS	0.2250	COSINUS	0.9744
GRAD	14	BOGENMASS	0.2443	SINUS	0.2419	COSINUS	0.9703
GRAD	15	BOGENMASS	0.2618	SINUS	0.2588	COSINUS	0.9659
GRAD	16	BOGENMASS	0.2793	SINUS	0.2756	COSINUS	0.9613
GRAD	17	BOGENMASS	0.2967	SINUS	0.2924	COSINUS	0.9563
GRAD	18	BOGENMASS	0.3142	SINUS	0.3090	COSINUS	0.9511
GRAD	19	BOGENMASS	0.3316	SINUS	0.3256	COSINUS	0.9455
GRAD	20	BOGENMASS	0.3491	SINUS	0.3420	COSINUS	0.9397
GRAD	21	BOGENMASS	0.3665	SINUS	0.3584	COSINUS	0.9336
GRAD	22	BOGENMASS	0.3840	SINUS	0.3746	COSINUS	0.9272
GRAD	23	BOGENMASS	0.4014	SINUS	0.3907	COSINUS	0.9205
GRAD	24	BOGENMASS	0.4189	SINUS	0.4067	COSINUS	0.9135
GRAD	25	BOGENMASS	0.4363	SINUS	0.4226	COSINUS	0.9063
GRAD	26	BOGENMASS	0.4538	SINUS	0.4384	COSINUS	0.8988
GRAD	27	BOGENMASS	0.4712	SINUS	0.4540	COSINUS	0.8910
GRAD	28	BOGENMASS	0.4887	SINUS	0.4695	COSINUS	0.8829
GRAD	29	BOGENMASS	0.5061	SINUS	0.4848	COSINUS	0.8746
GRAD	30	BOGENMASS	0.5236	SINUS	0.5000	COSINUS	0.8660
GRAD	31	BOGENMASS	0.5411	SINUS	0.5150	COSINUS	0.8572
GRAD	32	BOGENMASS	0.5585	SINUS	0.5299	COSINUS	0.8480
GRAD	33	BOGENMASS	0.5760	SINUS	0.5446	COSINUS	0.8387
GRAD	34	BOGENMASS	0.5934	SINUS	0.5592	COSINUS	0.8290
GRAD	35	BOGENMASS	0.6109	SINUS	0.5736	COSINUS	0.8192
GRAD	36	BOGENMASS	0.6283	SINUS	0.5878	COSINUS	0.8090
GRAD	37	BOGENMASS	0.6458	SINUS	0.6018	COSINUS	0.7986
GRAD	38	BOGENMASS	0.6632	SINUS	0.6157	COSINUS	0.7880
GRAD	39	BOGENMASS	0.6807	SINUS	0.6293	COSINUS	0.7771
GRAD	40	BOGENMASS	0.6981	SINUS	0.6428	COSINUS	0.7660
GRAD	41	BOGENMASS	0.7156	SINUS	0.6561	COSINUS	0.7547
GRAD	42	BOGENMASS	0.7330	SINUS	0.6691	COSINUS	0.7431
GRAD	43	BOGENMASS	0.7505	SINUS	0.6820	COSINUS	0.7314
GRAD	44	BOGENMASS	0.7679	SINUS	0.6947	COSINUS	0.7193
GRAD	45	BOGENMASS	0.7854	SINUS	0.7071	COSINUS	0.7071
GRAD	46	BOGENMASS	0.8029	SINUS	0.7193	COSINUS	0.6947
GRAD	47	BOGENMASS	0.8203	SINUS	0.7314	COSINUS	0.6820
GRAD	48	BOGENMASS	0.8378	SINUS	0.7431	COSINUS	0.6691
GRAD	49	BOGENMASS	0.8552	SINUS	0.7547	COSINUS	0.6561
GRAD	50	BOGENMASS	0.8727	SINUS	0.7660	COSINUS	0.6428
GRAD	51	BOGENMASS	0.8901	SINUS	0.7771	COSINUS	0.6293
GRAD	52	BOGENMASS	0.9076	SINUS	0.7880	COSINUS	0.6157
GRAD	53	BOGENMASS	0.9250	SINUS	0.7986	COSINUS	0.6018
GRAD	54	BOGENMASS	0.9425	SINUS	0.8090	COSINUS	0.6878
GRAD	55	BOGENMASS	0.9599	SINUS	0.8192	COSINUS	0.5736
GRAD	56	BOGENMASS	0.9774	SINUS	0.8290	COSINUS	0.5592
GRAD	57	BOGENMASS	0.9948	SINUS	0.8387	COSINUS	0.5446
GRAD	58	BOGENMASS	1.0123	SINUS	0.8480	COSINUS	0.5299
GRAD	59	BOGENMASS	1.0297	SINUS	0.8572	COSINUS	0.5150
GRAD	60	BOGENMASS	1.0472	SINUS	0.8660	COSINUS	0.5000

Lösungen

4/2 a)

```
SUBROUTINE GRABOG(  GRA,BOG)
REAL GRA,BOG
BOG=GRA*0.0174533
RETURN
END
```

Der Aufruf anstelle der 2. Zeile im Programm 4/1 b) heisst dann:

CALL GRABOG(FLOAT(I),A)

Name der Subroutine	GRABOG
aktuelle Parameter	
Argument	FLOAT(I)
Resultat	A
formelle Parameter	
Argument	GRA
Resultat	BOG

b) Haben Sie ein Blockdiagramm für das Unterprogramm gezeichnet? Nein? Dann versuchen Sie, eines zu zeichnen, nachdem Sie die unten angeführten 4 Punkte gelesen haben:

Wir können zum Beispiel so vorgehen:

1) Testen, ob A oder B negativ sind; wenn ja, das Vorzeichen in einem Indikator speichern; A und B positiv setzen.

2) Falls A oder B gleich 1 sind, so ist ARB=+(A*B).

3) Falls A = B und ungleich 1 sind, so ist ARB=-1.

4) Die restlichen Fälle muss man einzeln behandeln.

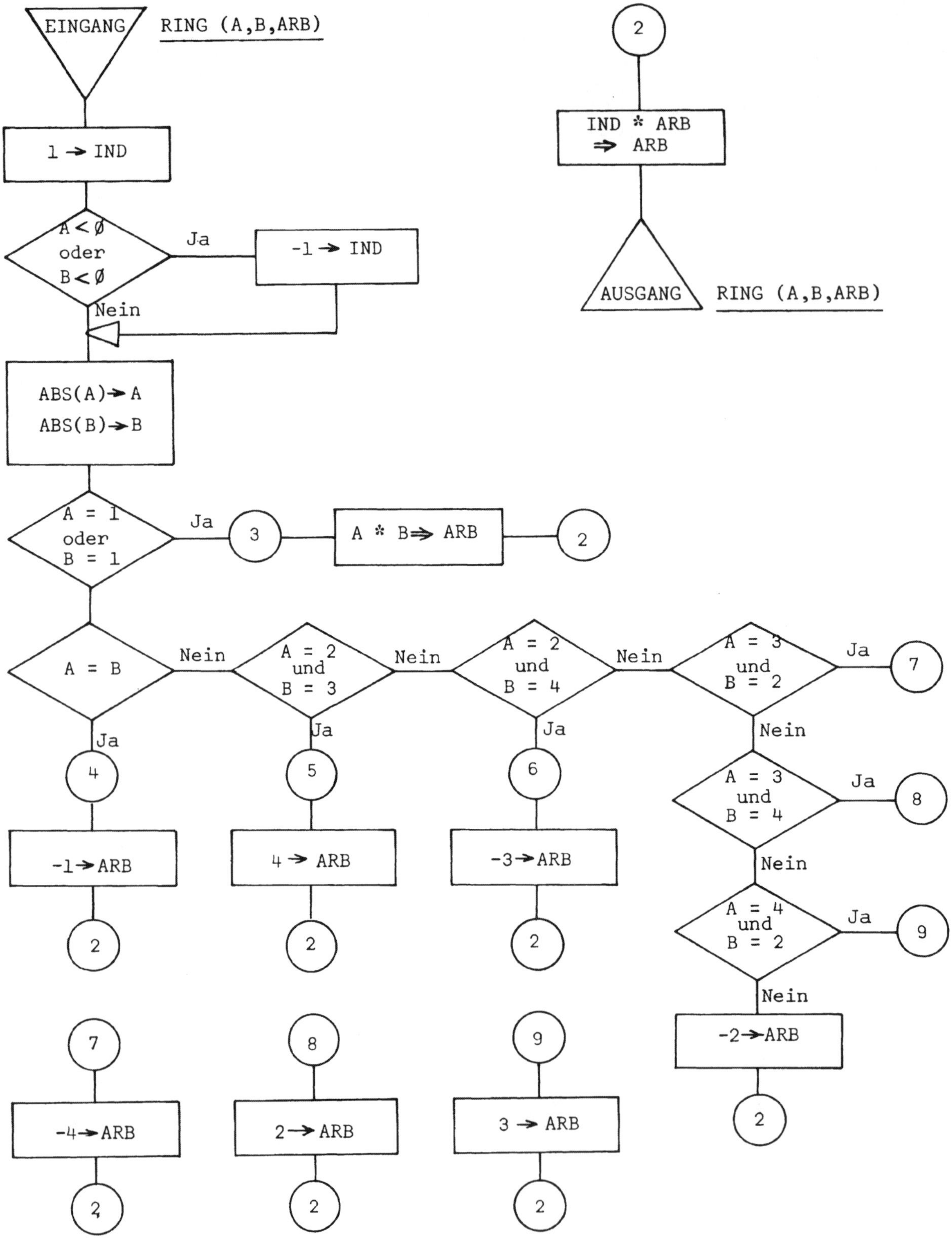

EINGANG
RING (A,B,ARB)
1 → IND
A < Ø oder B < Ø
Ja
-1 → IND
Nein
ABS(A) → A
ABS(B) → B
A = 1 oder B = 1
Ja
3
A * B ⇒ ARB
2
A = B
Nein
A = 2 und B = 3
Nein
A = 2 und B = 4
Nein
A = 3 und B = 2
Ja
7
Ja
4
-1 → ARB
2
Ja
5
4 → ARB
2
Ja
6
-3 → ARB
2
Nein
A = 3 und B = 4
Ja
8
Nein
A = 4 und B = 2
Ja
9
Nein
-2 → ARB
2
7
-4 → ARB
2
8
2 → ARB
2
9
3 → ARB
2
2
IND * ARB ⇒ ARB
AUSGANG
RING (A,B,ARB)

Lösungen

4/2 Fortsetzung

Ihr Blockdiagramm muss nicht unbedingt genau gleich aussehen. Es gibt aber im Prinzip nur den Weg über die vielen IF-Anweisungen.

Versuchen Sie jetzt nach meinem Blockdiagramm das Unterprogramm zu schreiben, falls Sie Ihres noch nicht oder falsch geschrieben haben.

Unterprogramm:

```
      SUBROUTINE RING(A,B,ARB)
      INTEGER A,B,ARB,IND
      IND=1
      IF (A*B.LT.0) IND=-1
               A=IABS(A)
               B=IABS(B)
      IF (A.EQ.1.OR.B.EQ.1) GO TO 3
      IF (A.EQ.B) GO TO 4
      IF (A.EQ.2.AND.B.EQ.3) GO TO 5
      IF (A.EQ.2.AND.B.EQ.4) GO TO 6
      IF (A.EQ.3.AND.B.EQ.2) GO TO 7
      IF (A.EQ.3.AND.B.EQ.4) GO TO 8
      IF (A.EQ.4.AND.B.EQ.2) GO TO 9
      ARB=-2
      GO TO 2
    3 ARB=A*B
      GO TO 2
    4 ARB=-1
      GO TO 2
    5 ARB=4
      GO TO 2
    6 ARB=-3
      GO TO 2
    7 ARB=-4
      GO TO 2
    8 ARB=2
      GO TO 2
    9 ARB=3
    2 ARB=IND*ARB
      RETURN
      END
```

Lösungen

4/3 a) Syntaktische Fehler

- ARCTAN ist keine eingebaute Funktion, ein anderes Unterprogramm mit Namen ARCTAN existiert auch nicht.
- Da im klassischen FORTRAN gemischte Typen in arithmetischen Ausdrücken nicht erlaubt sind, sind die Konstanten 1 in der 4. Anweisung falsch.
- In Zeile 4 fehlt eine Klammer rechts.

Logische Fehler

- Die FORMAT-Nummer des READ-Befehls bezieht sich nicht auf eine FORMAT-Anweisung, sondern auf eine Ergibt-Anweisung. Das ist falsch. Ausserdem fehlt die FORMAT-Anweisung.
- Die Variable PM in der zweiten Anweisung hat keinen Wert. Sie darf deshalb nicht gebraucht werden.
- Die 4. oder die 5. Anweisung ist überflüssig. Es wird ja jedesmal ein Wert in UR abgelegt.
- Die Variable PS wird eingelesen, aber nicht gebraucht. Das ist nicht falsch, aber es hat keinen Sinn.
- Die Variablen A und EØ8 haben keinen Wert zugewiesen erhalten und stehen trotzdem in einem arithmetischen Ausdruck. Das ist nicht erlaubt.
- Das Programm wird ewig in der Schleife Zeile 5/Zeile 2 bleiben. Das ist nicht falsch, aber sehr unzweckmässig. Ein solches Programm muss nach einer bestimmten Zeit durch den Operator unterbrochen werden.
- Dieses Programm hat höchstens einen Sinn, falls am Schluss eine berechnete Variable ausgedruckt wird.

  Verbesserung (zum Beispiel):

```
      READ (5,1Ø1) PR,PL,PM,A,EØ8
  1Ø1 FORMAT (5F1Ø.Ø)
    1 PQ=PR*PM
      UR=(1.Ø+(1.Ø+(1.Ø+(A**3-PL**3))))+EØ8+PQ
      IF (UR.LT.Ø.Ø) GO TO 1
      WRITE (6,1Ø2) UR
  1Ø2 FORMAT (1H , E14.7)
      STOP
      END
```

Lösungen

4/3 b) Eingeben muss man nur den Zinsfuss, denn die Grösse des Kapitals spielt ja keine Rolle.

Das Blockdiagramm sieht folgendermassen aus :

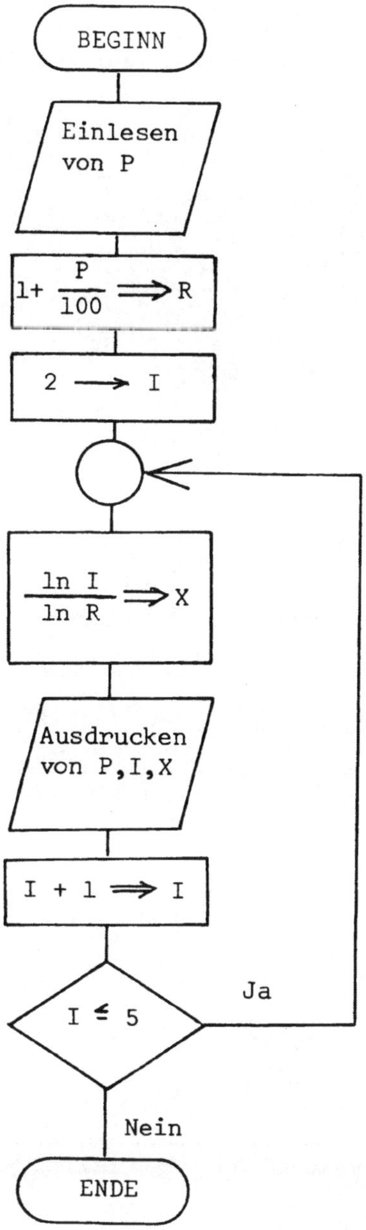

Lösungen

4/3 b) Schluss

Programm :

```
C       PROGRAMM ZINSESZINS
        READ (5,100) P
        R=1.0+P/100.0
        DO 1 I=2,5
        X=ALOG(FLOAT(I))/ALOG(R)
        WRITE (6,102)  P,I,X
      1 CONTINUE
    100 FORMAT (F10.0)
    102 FORMAT(' ZINSFUSS  ',F5.3,'    VERVIELFACHUNGSFAKTOR',I4,
       *          /'  ZEIT ',F10.4//)
        RETURN
        END
```

Anmerkung :

Die Zwischenvariable R wurde eingeführt, um den in der Schleife immer gleichen Wert von

$$1 + \frac{P}{100}$$

nicht in jedem Durchgang wieder errechnen zu müssen. Das Programm wurde mit der DO-Anweisung gestaltet.

Selbstverständlich wäre auch eine IF-Anweisung möglich.

Lösungen

4/3 c) In dieser Aufgabe wird ein SUBROUTINE-Unterprogramm am günstigsten sein. Hier das Blockdiagramm:

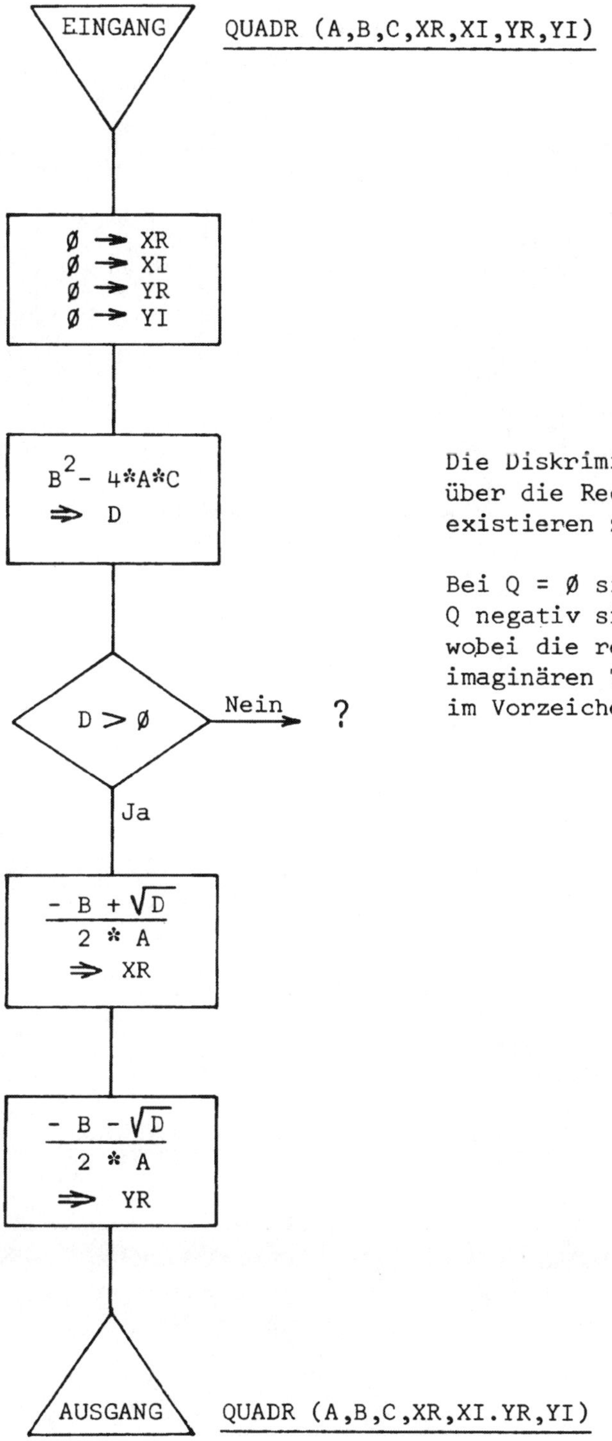

Die Diskriminante $(b^2-4\cdot a\cdot c)$ entscheidet über die Rechnung: ist sie positiv, so existieren zwei reelle Lösungen.

Bei Q = Ø sind beide Lösungen gleich. Bei Q negativ sind beide Lösungen komplex, wobei die reellen Teile gleich sind. Die imaginären Teile unterscheiden sich nur im Vorzeichen (siehe nächste Seite).

Lösungen

4/3 c) Fortsetzung

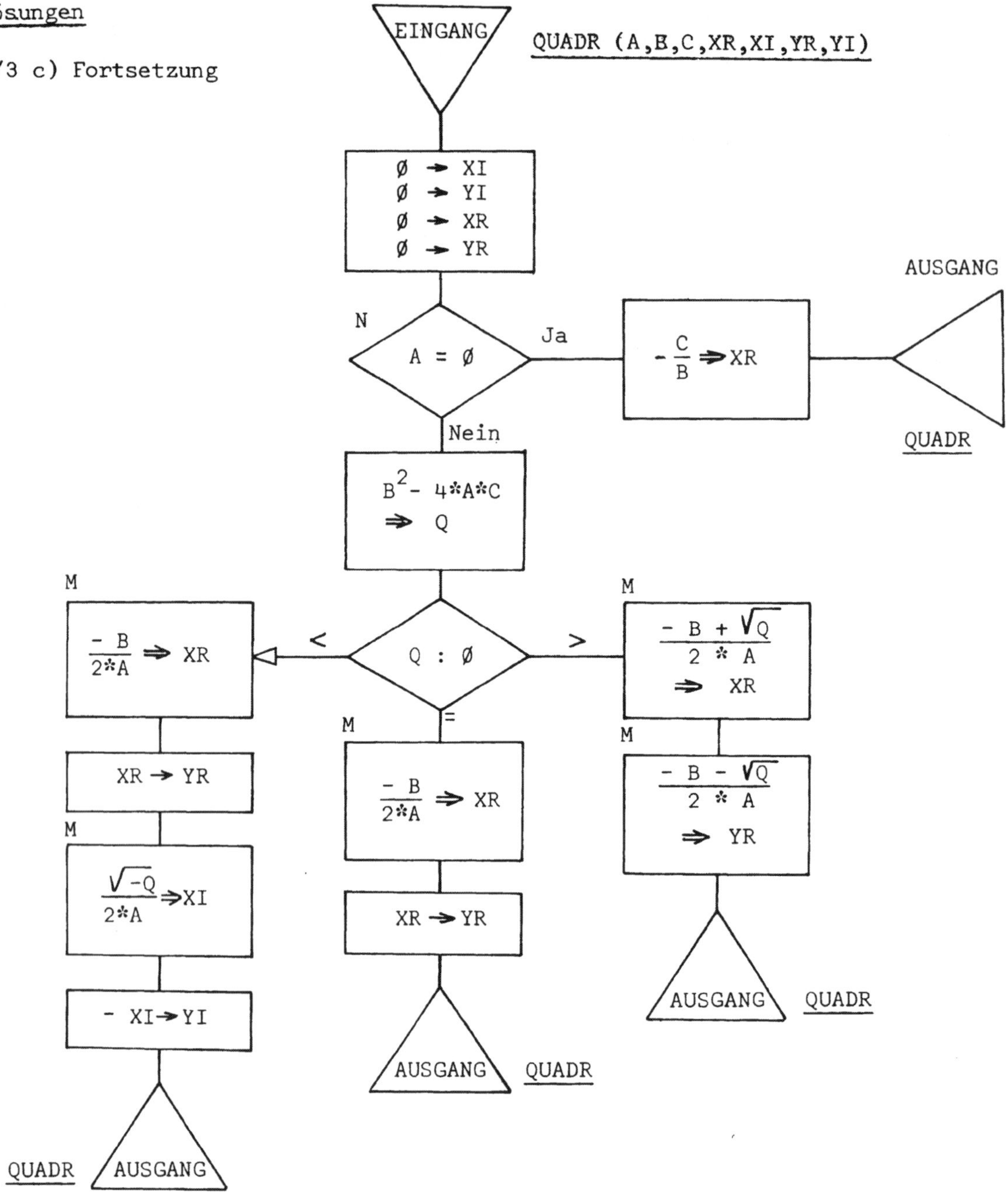

Anmerkungen: 1. Das Dividieren durch Null muss verhindert werden (siehe Blöcke M). Deswegen haben wir die entsprechende Verzweigung eingebaut (siehe Block N).

2. Durch Vorberechnen von Z = 2 * A könnte man bei Q ≠ Ø eine Multiplikation ersparen. Sie haben es vorgesehen? Ich gratuliere!

Lösungen

4/3 c) Schluss

Das Programm sieht schlussendlich so aus:

```
  SUBROUTINE QUADR(A,B,C,XR,XI,YR,YI)
  XI=0.0
  YI=0.0
  XR=0.0
  YR=0.0
  IF (A.NE.0.0) GO TO 1
  XR=-C/B
  RETURN
1 Q=B*B-4.0*A*C
  IF (Q) 2,3,4
2 XR=          -B/(2.0*A)
  YR=XR
  XI=SQRT(-Q)/(2.0*A)
  YI=-XI
  RETURN
3 XR=-B/(2.0*A)
  YR=XR
  RETURN
4 XR=(-B+SQRT(Q))/(2.0*A)
  YR=(-B-SQRT(Q))/(2.0*A)
  RETURN
  END
```

Sie sehen, dass in diesem Programm mehrere RETURN-Anweisungen eingebaut wurden. Bei einer gewissen Grösse der Argumente ist bei diesen RETURN-Anweisungen das logische Ende des Unterprogramms.

Das folgende Programm ruft QUADR auf und liefert die Ausgabe:

```
    CALL QUADR (1.0,2.0,5.0,X1R,X1I,X2R,X2I)
    WRITE (6,101) X1R,X1I,X2R,X2I
    CALL QUADR(0.0,1.0,-5.0,X1R,X1I,X2R,X2I)
    WRITE (6,101) X1R,X1I,X2R,X2I
101 FORMAT (1H0,4(F8.5,5X))
    STOP
    END
```

Ausgabe:

```
-1.00000     2.00000     -1.00000     -2.00000

 5.00000     0.00000      0.00000      0.00000
```

Lösungen

5/1

Blockdiagramm

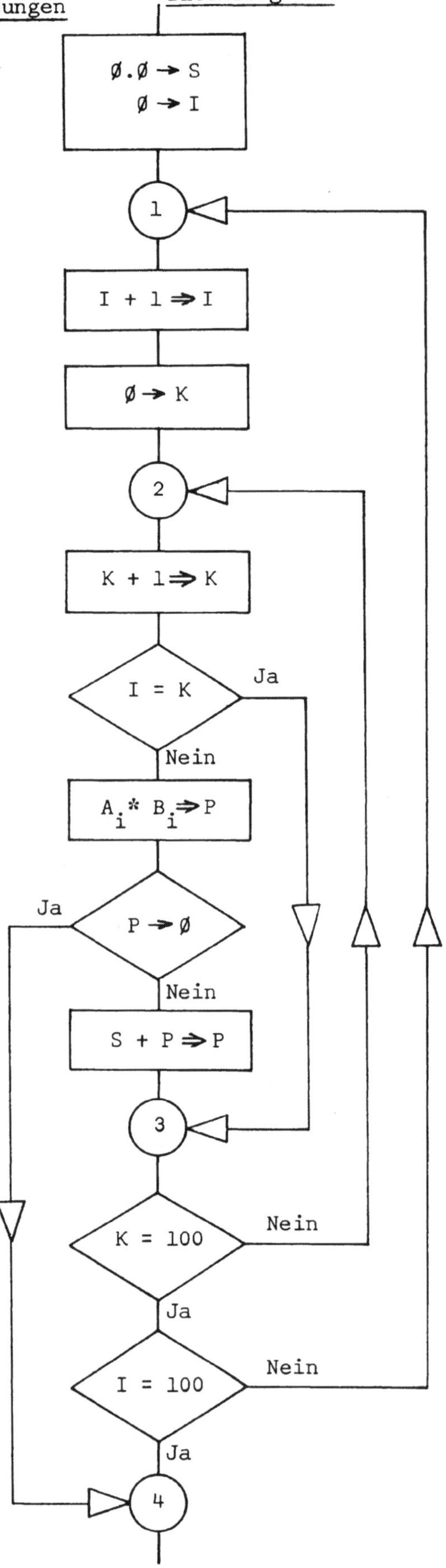

Programm

Ohne DO-Anweisung

```
  DIMENSION A(100),B(100)
  I=0
  S=0.0
1 I=I+1
  K=0
2 K=K+1
  IF (I.EQ.K) GO TO 4
  P=A(I)*B(K)
  IF (P.LT.0.0) GO TO 4
  S=S+P
  IF (K.LT.100) GO TO 2
  IF (I.LT.100)   GO TO 1
4 STOP
  END
```

Mit DO-Anweisung

```
  DIMENSION A(100),B(100)
  S=0.0
  DO 1 I=1,100
  DO 1 K=1,100
  IF (I.EQ.K) GO TO 1
  P=A(I)*B(K)
  IF (P.LT.0.0)  GO TO 4
  S=S+P
1 CONTINUE
4 STOP
  END
```

Lösungen

5/2

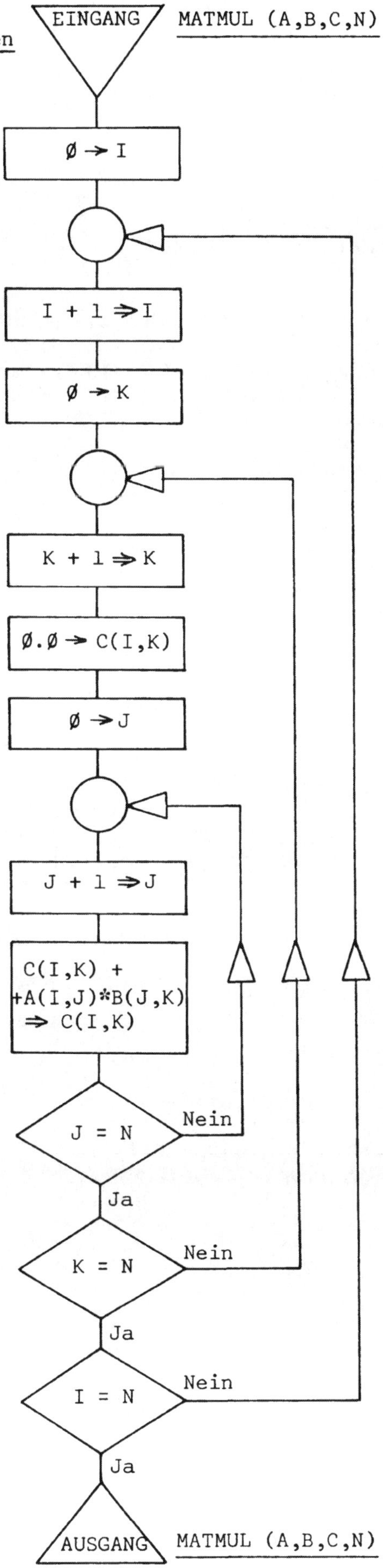


```
      SUBROUTINE MATMUL(A,B,C,N)
C     GEHOERT ZU AUFGABEN KAPITEL 5
      DIMENSION A(N),B(N),C(N)
      DO 1 I=1,N
      DO 1 K=1,N
      C(I,K)=0.0
      DO 1 J=1,N
      C(I,K)=C(I,K)+A(I,J)*B(J,K)
    1 CONTINUE
      RETURN
      END
```

Natürlich könnte man das Blockdiagramm auch mit IF-Anweisungen programmieren. Bei dieser Aufgabe treten jedoch die Vorteile der DO-Anweisungen besonders deutlich zu Tage.

Lösung 6

Hauptprogramm

```
       O     PROGRAMM QUADR-AUFRUF  KAP 6
       O
               DO 1 I=1,5
               READ (5,101) A,B,C
               CALL QUADR(A,B,C,X1R,X1I,X2R,X2I)
               WRITE (6,102) I,A,B,C,X1R,X1I,X2R,X2I
             1 CONTINUE
           101 FORMAT (3F10.0)
           102 FORMAT (19H KOEFFIZIENTEN DER ,I2,11H. GLEICHUNG/
              *        5H A = ,F8.5,5H B = ,F8.5,5H C = ,F8.5//
              *        10H LOESUNGEN /5H X1R=,F9.5,5H X1I=,F9.5,
              *                          5H X2R=,F9.5,5H X2I=,F9.5///)
               STOP
               END
```

Ausgabe

```
KOEFFIZIENTEN DER  1. GLEICHUNG
A =  1.00000 B = -5.00000 C =  3.00000

LOESUNGEN
X1R=  4.30278 X1I=  0.00000 X2R=  0.69722 X2I=  0.00000



KOEFFIZIENTEN DER  2. GLEICHUNG
A =  1.00000 B = -3.00000 C =  2.00000

LOESUNGEN
X1R=  2.00000 X1I=  0.00000 X2R=  1.00000 X2I=  0.00000



KOEFFIZIENTEN DER  3. GLEICHUNG
A =  7.00000 B =  4.12300 C =  0.00000

LOESUNGEN
X1R= -0.00000 X1I=  0.00000 X2R= -0.58900 X2I=  0.00000



KOEFFIZIENTEN DER  4. GLEICHUNG
A =  1.00000 B =  2.00000 C =  5.00000

LOESUNGEN
X1R= -1.00000 X1I=  2.00000 X2R= -1.00000 X2I= -2.00000



KOEFFIZIENTEN DER  5. GLEICHUNG
A =  9.00000 B =  0.00000 C = 36.00000

LOESUNGEN
X1R= -0.00000 X1I=  2.00000 X2R= -0.00000 X2I= -2.00000
```

8. Anhang

Tabelle einiger eingebauter FORTRAN-Funktionen ①

Name der Funktion		Aufruf der Funktion		Typ des Arguments a	Einschränkungen ② in der Grösse von a	Typ des Resultats x
Mathematisch	FORTRAN	Mathematisch	FORTRAN			
Exponential-funktion	EXP	$x = e^a$	X=EXP(A)	REAL	keine	REAL
natürlicher Logaritmus	ALOG	$x = \ln a$	X=ALOG(A)	REAL	nicht negativ	REAL
dekadischer Logarithmus	ALOG1Ø	$x = \log_{10} a$	X=ALOG1Ø(A)	REAL	nicht negativ	REAL
Sinus	SIN	$x = \sin a$	X=SIN(A)	REAL	keine ③	REAL
Cosinus	COS	$x = \cos a$	X=COS(A)	REAL	keine ③	REAL
Arcustangens	ATAN	$x = \text{arctg}\ a$	X=ATAN(A)	REAL	keine	REAL ③
Quadrat-wurzel	SQRT	$x = \sqrt{a}$	X=SQRT(A)	REAL	nicht negativ	REAL; positiv
Betrag	IABS ABS	$x = \|a\|$ $x = \|a\|$	IX=IABS(IA) X=ABS(A)	INTEGER REAL	keine keine	INTEGER REAL
Maximum	AMAX1	$x = \text{Max}(a_1, \ldots, a_n)$	X=AMAX1(A1,...,AN)	REAL	keine ④	REAL
Minimum	AMIN1	$x = \text{Min}(a_1, \ldots, a_n)$	X=AMIN1(A1,...,AN)	REAL	keine ④	REAL

Konversionen

Von INTEGER nach REAL	FLOAT	R=FLOAT(I)	INTEGER	keine	REAL
Von REAL nach INTEGER	IFIX	I=IFIX(R)	REAL	$r \quad 2^{31}-1$	INTEGER

Bemerkungen

① Das ist eine Auswahl; im allgemeinen ist die Anzahl beträchtlich grösser. Die Namen sind nicht in jedem Compiler dieselben für dieselben Funktionen.

② Selbstverständlich ist a durch die Bedingungen Seite I/45 eingeschränkt.

③ Die Argumente bei SIN und COS, bzw. das Resultat bei ATAN werden in Bogenmass angegeben. (1° Winkelmass = Ø.Ø174 Bogenmass; 57.29578° Winkelmass = 1.Ø Bogenmass)

④ Es erscheinen mindestens zwei Argumente.

Verzeichnis der Anweisungen

Anweisung in symbolischer Form	Bedeutung Bezeichnung der Anweisung	Siehe *)	Siehe Seite
v = a	Ergibt-A.	a	I/51
GO TO n	unbedingte GO TO-A.	a	I/55
GO TO $(n_1,n_2,\ldots,n_n)$	computed GO TO-A.	a	I/57
IF (a) n_1,n_2,n_3	arithmetische IF-A.	a	I/59
IF (p) b	logische IF-A.	a	I/61
DO n $j=m_1,m_2,m_3$	DO-A.	a	I/63
CONTINUE	CONTINUE-A.	a	I/63
STOP	STOP-A.	a	I/23
END	END-A.	n	I/23
READ (e,f) $v_1,v_2\ldots,v_n$	READ-A.	a	I/83
WRITE (e,f) $v_1,v_2,\ldots,v_n$	WRITE-A.	a	I/83
FORMAT $(s_1,s_2,\ldots,s_n)$	FORMAT-A.	n	I/83
INTEGER $w_1,w_2,\ldots,w_n$	explizite Typ-Vereinbarung (INTEGER)	n	I/47
REAL $w_1,w_2,\ldots,w_n$	explizite Typ-Vereinbarung (REAL)	n	I/47
DOUBLE PRECISION $w_1,w_2,\ldots,w_n$	explizite Typ-Vereinbarung (DOUBLE PRECISION)	n	I/47
DATA $u_1,u_2,\ldots,u_n/k_1,k_2,\ldots,k_n/$	DATA-A.	n	I/11
SUBROUTINE $w(u_1,u_2,\ldots,u_n)$	SUBROUTINE-A.	n	I/71
t FUNCTION $w(u_1,u_2,\ldots,u_n)$	FUNCTION-A.	n	I/73
CALL $w(r_1,r_2,\ldots,r_n)$	SUBROUTINE-Aufruf-A.	a	I/70
RETURN	RETURN-A.	a	I/70
DIMENSION $w_1(i_{11},i_{12},\ldots i_{1n}),w_2(i_{21},i_{22},i_{23},\ldots),\ldots$	DIMENSION-A.	n	I/77

*)Spalte 3: a Ausführbare Anweisung
n Nicht-ausführbare Anweisung

Verzeichnis der Abkürzungen

Abkürzung	Bedeutung
a	arithmetischer Ausdruck
b	ausführbare Anweisung
e	Nummer einer Ein- oder Ausgabeeinheit
f	Anweisungsnummer einer FORMAT-Anweisung
i	INTEGER-Konstante
j	INTEGER-Variablenname
k	Konstante
m	INTEGER-Konstante oder INTEGER-Variablenname
n	Anweisungsnummer einer ausführbaren Anweisung
p	logischer Ausdruck
r	nicht indizierte Variablennamen, Feldnamen oder Konstanten
s	Feldspezifikatoren (in FORMAT-Anweisungen)
t	Typ bei expliziter Vereinbarung
u	nicht indizierte Variablennamen oder Feldnamen
v	Variablenname, indiziert oder nicht indiziert
w	Name

IDV-Lernprogramm

FORTRAN

Band II
Steuertext und Übungen

IDV-Lernprogramm
FORTRAN Band II

IDV-Lernprogramm

Herausgegeben vom
IDV-Institut für elektronische Datenverarbeitung Zürich
in Verbindung mit dem Institut für
Betriebswirtschaft an der Hochschule St. Gallen

1971
DE GRUYTER Berlin/New York · HAUPT Bern

FORTRAN

Ein PU-Lehrgang mit Programmbeispielen für
Ingenieure
Techniker
Ökonomen
Naturwissenschaftler

Band II
Steuertext und Übungen

1971
DE GRUYTER Berlin/New York · HAUPT Bern

Autor: IDV-Institut für elektronische Datenverarbeitung Zürich
(Milan Kryka und Bernhard Flückiger)
Zeichnungen: Marie Kryka

ISBN 3 11 003576 6 (de Gruyter)
ISBN 3-258 02016 7 (Haupt)

Das vorliegende Lernprogramm wie auch diverse andere IDV-Lernprogramme sind auch als LOSBLATTWERKE bei IDV Institut für elektronische Datenverarbeitung, CH-8006 Zürich, Ottikerstr. 22, erhältlich.
Das LOSBLATTVERFAHREN ermöglicht es, den Inhalt des Lernprogramms laufend auf dem neuesten Stand zu halten.

INHALTSVERZEICHNIS

1. Steuertext

NICHT UEBERSPRINGEN BITTE

Ich nehme an, Sie haben bereits den Lerntext WIE SIEHT EIN FORTRAN-PROGRAMM AUS (Seiten I/1 bis I/37) durchgearbeitet. Andernfalls müssen Sie es unbedingt sofort nachholen !

Sie haben sich also mit den Grundregeln der FORTRAN-Sprache und mit dem Aufbau der FORTRAN-Programme vertraut gemacht. Nun werden Sie die FORTRAN-Programmierung systematisch anpacken. Dabei werden Sie die folgenden Teile dieses zweibändigen FORTRAN-Lernprogrammes benützen:

1. STEUERTEXT	Band II,	Seiten II/1 bis II/40
2. BASISTEXT	Band I ,	Seiten I/41 bis I/95
3. UEBUNGEN	Band II,	Seiten II/41 bis II/57
4. LOESUNGEN	Band I ,	Seiten I/97 bis I/ 128
5. ANHANG	Band I ,	Seiten I/130 bis I/132.

Der Steuertext hat die Aufgabe, Sie auf einem bestimmten Weg durch das Lernprogramm zu führen. Er ist in einzelne numerierte Schritte unterteilt. Sie müssen immer nur einen Schritt lesen und den Rest der Seite mit einem Papier abdecken. In einigen Schritten werden nämlich Fragen an Sie gestellt. Diese Schritte sind durch eine Kette von Fragezeichen (?????) von den Folgeschritten getrennt. Die Antwort auf die gestellte Frage finden Sie im Folgeschritt. Deshalb das Abdecken ! Zuerst selber lösen, erst dann unsere Antwort ansehen !

Der Basistext bringt genaue Informationen über die FORTRAN-Sprache. Er kann später für Sie als Nachschlagewerk dienen.

Die Uebungen sind umfangreicher, als die im Steuertext gestellten Fragen. Beim Lösen der Uebungen müssen Sie sich mit dem Stoff richtig auseinandersetzen. Wir hoffen, dass Ihnen dabei die Aufteilung des Lernprogramms, in zwei Bänden, nützlich sein wird.

Unsere Lösung dürfen Sie sich jeweils erst dann ansehen, wenn Sie überzeugt sind, dass Ihre Lösung funktioniert ! Sonst würden Sie die Effizienz Ihres Lernens beträchtlich schwächen !

Ich bitte Sie nun, beim Schritt Nr. 1 des Steuertextes Ihr systematisches Studium der FORTRAN-Sprache zu beginnen. Viel Erfolg !

1 Guten Tag.

Sind Sie gut ausgerüstet ?

Rechts das Textheft, vor Ihnen der Steuertext; etwas Notizpapier in der Nähe.

Dann beginnen wir.

2 Ich bitte Sie, die Seiten I/42 und I/43 sorgfältig zu studieren.

Kehren Sie dann, und so wollen wir es immer halten, wieder hierher zurück.

3 Lösen Sie jetzt Uebung 2/1. Es sollte für Sie nur eine Repetition sein. (Seite II/43)

4 Sehen Sie sich die Lösung an (Seite I/99).

5 Lesen Sie jetzt die Seiten I/44 und I/45.

6 War das zuviel auf einmal? Ich hoffe es nicht.

Ich repetiere:
Sie sahen drei verschiedene Konstanten-Typen:
- die INTEGER-Konstanten,
- die REAL-Konstanten,
- die DOUBLE PRECISION-Konstanten.

REAL- und DOUBLE PRECISION-Konstanten unterscheiden sich in Bezug auf die Anzahl gültiger Stellen.

Beachten Sie:
Die beiden folgenden REAL-Konstanten sind gleich:

Ø.ØØØ33EØ und 3.3E-4

7 Lösen Sie jetzt dazu einige Beispiele:

Wie wird die Zahl

3342,53

in FORTRAN geschrieben? (Verschiedene Möglichkeiten angeben.)

?????

8 Als REAL-Konstante in Dezimalpunktdarstellung:

3342.53

Als REAL-Konstante in Exponentialdarstellung:

3342.53EØ oder 3.34253E3 oder 3.34253E+3
ØØ.334253E4 oder Ø.334253E+Ø4 etc.

9	Wie schreiben Sie die Zahl 3 768 ØØØ ØØØ ØØØ ØØØ ØØØ als FORTRAN-Konstante?

?????

10	Diese Zahl ist zu gross, um als INTEGER-Konstante wiedergegeben zu werden. Für REAL oder DOUBLE PRECISION-Konstanten hat sie zuviele signifikante Stellen (19 Ziffern). Man kann sie höchstens annähernd als die folgende DOUBLE PRECISION-Konstante angeben: 3.768ØØØØØØØØØØØØD18

11	Welche der folgenden FORTRAN-Konstanten sind gleich: Ø.ØØØØ2ØØ3 2.ØØ3E-5 Ø.ØØ2ØØ3E-2 2ØØ.E-8 2ØØØ3 2ØØ3.E-8

?????

12	Stellt man diese Konstanten alle auf dieselbe Art dar, so ergibt sich: Ø.ØØØØ2ØØ3 = 2.ØØ3E-5 2.ØØ3E-5 = 2.ØØ3E-5 Ø.ØØ2ØØ3E-2 = 2.ØØ3E-5 2ØØ.E-8 = 2.ØØE-6 2ØØØ3 INTEGER-Konstante 2ØØ3.E-8 = 2.ØØ3E-5 Gleich sind also die erste, zweite, dritte und die letzte Konstante.

13	Sind Sie jetzt sicher im Umgang mit diesen Konstanten? Wenn ja, so lösen Sie jetzt die Uebung 2/2 auf Seite II/44.

14	Vergleichen Sie Ihre Antworten mit den Lösungen auf Seite I/100.

15	Lesen Sie nun die Seiten I/46 und I/47.

16	Nehmen wir an, in einem Programm stünden keine expliziten Typ-Vereinbarungen. Von welchem Typ sind dann die folgenden Variablen (falls sie überhaupt zulässig sind): KAPPA TAG GANZ NETTO

?????

17	Es sind alle Variablen zulässig. KAPPA und NETTO sind vom Typ INTEGER, TAG und GANZ sind vom Typ REAL.

18	In Aufgabe 2/1 c) kommen 9 Variablen vor. Nehmen Sie an, sie hätten die Namen, die in der Lösung 2/1 c) Seite I/99 gewählt wurden. Schreiben Sie die zwei ersten Zeilen des Programms, in dem diese Variablen vorkommen.

19	Implizit kann man hier nicht vereinbaren, da die Variablennamen ja schon gegeben sind und nicht in die implizite Typen-Vereinbarung passen: so ist TAG bestimmt eine INTEGER-Variable. Die zwei ersten Zeilen lauten also REAL TMAX, TMIN, TDURCH, WMAX, WMIN, WDURCH INTEGER TAG, MONAT, JAHR

20	Lösen Sie die Uebung 2/3.(Seite II/45.)

21	Sehen Sie sich die Lösung an. (Seite I/102.)

22	Lesen Sie jetzt Seite I/48 und I/49.

23	Wie wird der Ausdruck (B+((A+B)*C)+A**2) berechnet? Regel ③ A+B = R1 (Zwischenresultat 1) Regel ③ R1*C = R2 Jetzt ist übriggeblieben: (B+R2+A**2) Regel ④ A**2 = R3 Es bleibt: (B+R2+R3) Regel ⑤ B+R2 = R4 R4+R3 = R (Resultat) Um die Speicherplätze von R1, R2, R3, R4, R brauchen Sie sich nicht zu kümmern. Das besorgt der Compiler.

24 Nach Regel ② a) dürfen sich zwei Operationszeichen nicht unmittelbar folgen:

```
A*-B ist also falsch.
```

Ebenso dürfen sich zwei Variablen nicht unmittelbar folgen:

AB ist eine Variable mit dem Namen AB.

Wie schreiben Sie die folgende Formel als arithmetischen Ausdruck?

$$a^{(b+2)} \cdot (a-t)^6 + \frac{b+c}{3.1415}$$

?????

25 Ich bin vorsichtig und schreibe besser zuviel als zuwenig Klammern:

```
A**(B+2.Ø)*((A-T)**6)+((B+C)/3.1415)
```

Ohne überflüssige Klammern lautet der Ausdruck:

```
A**(B+2.Ø)*(A-T)**6+(B+C)/3.1415
```

26 Beachten Sie, dass man durch das Setzen von Zwischenräumen eine bessere Uebersichtlichkeit erreichen kann.

Die Regeln zum Ausrechnen arithmetischer Ausdrücke werden aber dadurch nicht beeinflusst!

So bedeutet zum Beispiel der FORTRAN-Ausdruck

```
A ** B+2 * C
```

dasselbe wie die Formel

$$a^b + 2 \cdot c$$

und nicht, wie man wegen der Zwischenräume glauben könnte,

$$a^{b+2} \cdot c$$

27 Lösen Sie die Uebung 2/4.(Seite II/46.)

28 Sehen Sie sich die Lösungen an. (Seiten I/103 undI/104.)

29 Lesen Sie jetzt Seite I/50 und I/51. Es sollte für Sie geradezu eine Erholung sein, denn das meiste dieser Seiten kennen Sie schon.

30 Das interessante und für Sie wahrscheinlich auch einzig wirklich neue ist Tabelle ⑨: Wertzuweisungen. Mit Hilfe dieser Tabelle kann man Werte von Variablen in Variablen anderer Typen verschieben.

Oft ist diese Operation unumgänglich:

In einem Programm kommt I, K INTEGER und R, S REAL vor. Vom Problem her, das man programmieren will, drängt sich die Anweisung

```
R = S + I/K
```

auf. Dies ist aber im klassischen FORTRAN verboten, da im arithmetischen Ausdruck zwei verschiedene Typen gemischt werden. Man muss deshalb schreiben:

```
RI=I    RK=K    R=S+RI/RK
```

wobei RI und RK zwei neue REAL-Variablen sind.

31	Diese Umwandlungen sind nicht immer problemlos: Nicht jede REAL-Zahl kann in eine INTEGER-Zahl umgewandelt werden, nicht jede INTEGER-Zahl kann genau in eine REAL-Zahl verwandelt werden. Weshalb nicht?

?????

32	Ist eine REAL-Zahl grösser, als eine INTEGER-Zahl im Maximum sein kann (bei uns $2^{31}-1$), so funktioniert die Verwandlung (<u>Konversion</u>) nicht. Der Computer merkt das meistens aber erst bei der Ausführung des Objekt-Programmes; er schreibt dann eine Fehlermeldung,und die Ausführung des Programms wird möglicherweise gestoppt; wertvolle Rechenzeit geht verloren. Eine INTEGER-Zahl, die mehr als 7-stellig ist, wird nicht korrekt in eine REAL-Zahl übersetzt. Aus 2 147 483 647 INTEGER-Konstante wird 2147483.E3 Die ersten 7 Stellen der INTEGER-Zahl (die signifikantesten Stellen) werden hier in der REAL-Zahl gespeichert, die letzten drei Stellen werden abgeschnitten. Aehnlich geht es bei der Konversion von DOUBLE PRECISION in REAL.

33	Im folgenden kleinen Programm sollen Sie sagen können, was durch den WRITE-Befehl ausgedruckt wird, d.h., welche Werte die Variablen beim Ausführen der WRITE-Anweisungen annehmen: ADP, AR, AADP, BR, BI, BBR, CDP, CI, CCDP

```
      INTEGER BI,CI
      REAL AR,BR,BBR
      DOUBLE PRECISION ADP,CDP,AADP,CCDP
      ADP= .6666666666666666
      AR=ADP
      AADP=AR
      WRITE (6,1) ADP,AR,AADP
    1 FORMAT (1H0,D26.16,E15.7,D26.16)
      BR= .7777777
      BI=BR
      BBR=BI
      WRITE (6,2) BR,BI,BBR
    2 FORMAT (1H0,E17.7,9X,I15,E17.7)
      CDP= .8888888888888888
      CI=CDP
      CCDP=CI
      WRITE (6,3) CDP,CI,CCDP
    3 FORMAT (1H0,D26.16,I15,D26.16)
      STOP
      END
```

34

Die 16-stellige D-P-Konstante ADP wird in AR, in eine REAL-Konstante verwandelt. Die 9 hinteren Stellen werden abgeschnitten. Also:

AR wird 0.6666666

AR wird darauf in AADP, einer DOUBLE PRECISION-Variablen, abgelegt.

AADP = 0.6666666 (Die Stellen 8 bis 16 sind undefiniert.)

Die 7-stellige REAL-Konstante BR geht nach BI, alle Stellen nach dem Komma gehen also verloren:

BI wird 0

(Es wird nicht aufgerundet!)

Darauf wird dieser Wert in der REAL-Variablen BBR abgelegt:

BBR wird 0.0000000

Die 16-stellige D-P-Konstante CDP wird in CI gelegt, alle Stellen hinter dem Komma gehen also verloren:

CI wird 0

Darauf wird dieser Wert in CCDP abgelegt:

CCDP = 0.0000000000000000

Die Ausgabe lautet also:

```
0.6666666666666666D 00  0.6666666E 00      0.6666666269302368D 00

0.7777777E 00                        0      0.0000000E 00

0.8888888888888888D 00               0      0.0000000000000000D 00
```

35

Damit sind wir am Ende des Kapitels 2 angelangt. Sie müssen jetzt noch die Schlussaufgaben 2/5 lösen. Es sind dies kleine Probleme, die als Lösung ein Programm haben. (Seite II/47.)

Und nun: Viel Vergnügen.

36

Vergleichen Sie Ihre Programme mit den Lösungen. (Seiten I/105 bis 107.)

Ich hoffe, Sie sind mit meinen Programmen einverstanden. Es war ja wirklich nicht schwer.

37

Dieses Kapitel beschrieb die Grundlagen der FORTRAN-Sprache und ihre wesentlichen Elemente. Was Sie hier gesehen und in den Uebungen trainiert haben, kommt in den folgenden Kapiteln auf Schritt und Tritt vor. Sie sind also darauf angewiesen, dass Sie dieses Kapitel gut be- und verarbeitet haben.

38	Eine gute Repetitionsmöglichkeit ergibt sich, wenn Sie im Kapitel 1 - nach falsch gebildeten Namen suchen, - die Typen aller Variablen und Konstanten herausfinden, - untersuchen, ob in arithmetischen Ausdrücken überflüssige Klammern sind.

39	Lesen Sie die Seiten I/54 bis I/57.

40	Hier ein Beispiel zur berechneten GO TO-Anweisung:
	
	Je nach Grösse einer Variablen IND sollen Werte verschiedener anderer Variablen, die im Programm berechnet wurden, ausgedruckt werden.
	
	Das geschieht mit dem folgenden Programm:
	⋮
	`12 GO TO (13,14,16,16,15),IND`
	`   WRITE (6,25) IND`
	`   GO TO 27`
	`13 WRITE       (6,26) A1,A2`
	`   GO TO 18`
	`14 WRITE (6,26) B1,B2`
	`15 WRITE (6,26) C1,C2`
	`   GO TO 18`
	`16 WRITE (6,26) A1,C1`
	`   IND=IND-1`
	`   GO TO 12`
	`18 WRITE (6,25) IND`
	Welche Variablen werden jetzt ausgedruckt, wenn IND=2 eingelesen wurde?

?????

41	Die Variablen B1, B2, C1, C2 und IND (=2). Haben Sie dieses Resultat erhalten? Dann gehen Sie nach Nummer 44 des Steuertextes.

42	Schlagen Sie die Definition links auf Seite I/54 auf. Falls der Wert der Variablen k (oben die Variable IND) gleich <u>1</u> ist, wird zum Befehl mit der <u>ersten</u> Anweisungsnummer n_1 (oben 13) gesprungen. Wenn also im oberen Programm IND=2 ist, so springt das Programm auf Anweisung Nr. 14. Durch die WRITE-Anweisung werden B1 und B2 ausgedruckt, durch die WRITE-Anweisung auf der nächsten Zeile C1 und C2, dann erfolgt durch eine unbedingte GO TO-Anweisung ein Sprung nach Anweisung Nr. 18, wo durch die WRITE-Anweisung noch der Wert von IND ausgedruckt wird. Was geschieht, wenn IND=4 ist?

?????

43	Die Variablen A1, C1, A1, C1, B1, B2, C1, C2 und IND werden ausgedruckt. Einverstanden? Wenn nein, versuchen Sie noch einmal.

44	Beachten Sie die genaue Form der berechneten GO TO-Anweisung: GO TO (13, 14, 15, 16) IND ist falsch, weil das Komma vor IND fehlt.

45	Lesen Sie Seiten I/58 und I/59

46

Ich zeige Ihnen hier wieder ein Beispiel, wo diese IF-Anweisung sehr bequem ist.

Man soll für beliebige x-Werte, die mit Lochkarten eingegeben werden, deren Funktionswerte für die Funktion

$$y = f(x) = \sqrt{\frac{x + 1}{x - 1}}$$

ausdrucken.

Man sieht bald, dass die y-Werte für x-Werte in $(-1 < x \leqslant +1)$ nicht definiert sind, denn Wurzelziehen aus negativen Zahlen sowie Division durch Ø sind ja verboten.

Durch IF-Befehle werden wir jetzt diesen Bereich $(-1 < x \leqslant +1)$ aus der Rechnung ausschliessen.

Das Programm lautet:

```
  Einlesen eines x-Wertes
2 READ (5,101) X
  Alles, was kleiner oder gleich -1 ist, kann berechnet werden
  IF (X+1.0)  4,4,3
  Alles, was grösser als +1 ist, kann berechnet werden
3 IF (X-1.0)  5,5,4
  Berechnung mit den erlaubten x
4 Y=((X+1.0)/(X-1.0))**0.5
  Drucken der x und y
  WRITE (6,102) X,Y
  Ende bei "guten" x
  STOP
  Drucken eines nicht berechneten Werts x
5 WRITE (6,103)  X
  Ende bei "schlechten" x

  STOP
  END
```

Durchschauen Sie den Mechanismus ?

Was muss man an den IF-Anweisungen ändern, wenn im Sperrbereich anstelle von $(-1 < x \leqslant +1)$ der Sperrbereich $(-1 \leqslant x \leqslant +1)$ vorgeschrieben wäre ?

?????

47	Der 1. IF-Befehl muss neu lauten:
	IF (X+1.) 4, 5, 3 oder IF (X+1.) 4, 3, 3, was aber etwas mehr Zeit braucht.
	
	Man könnte auch X+1.∅ und X-1.∅ vor den IF-Anweisungen ausrechnen lassen.
	A=X+1.∅
	B=X-1.∅
	Die Zeilen 2, 3 und 4 sehen dann so aus:
	IF (A) 4, 4, 3
	3 IF (B) 5, 5, 4
	4 Y=(A/B)**∅.5
	Diese Version ginge wahrscheinlich etwas schneller auf dem Computer.

48	In einem Programm sollen genau 2∅ Karten mit je einem Wert eingelesen und diese Werte aufsummiert werden. Die Summe soll ausgedruckt werden. Wie sieht das Programm aus?

?????

49

```
      SUMME=0.0
      I=1
    1 I=I+1
      READ (5,101) WERT
      SUMME=SUMME+WERT
      IF (I-20) 1,1,2
    2 WRITE (6,102)  SUMME
      STOP
      END
```

Solche Aufgaben wie die vorhergehende treffen Sie immer wieder an. Eine Gruppe von Anweisungen soll eine bestimmte Anzahl von Malen durchlaufen werden.

Sehen Sie sich jetzt Seiten I/60 und I/61 an.

50

Logische IF-Anweisungen können folgende Formen haben:

IF (A.GE.B) L=L+1
Der logische Ausdruck ist durch Vergleich zweier arithmetischer Variablen entstanden. Beachten Sie: nur Variablen gleichen Typs vergleichen!

IF ((A+B).EQ.(R**3-3.141529)) A=(A+B)/2.
Der logische Ausdruck ist durch Vergleich zweier arithmetischer Ausdrücke entstanden.

IF ((A.GE.B).AND.(PRO.EQ.Ø.33)) GO TO 538
Der logische Ausdruck ist aus zwei logischen Ausdrücken entstanden, die durch einen logischen Operator verbunden sind. Die beiden logischen Ausdrücke sind ihrerseits durch Vergleich aus je zwei Variablen entstanden.

Setzen Sie lieber zuviele Klammern als zuwenige!

Machen Sie aus dem folgenden Satz eine logische IF-Anweisung:

Falls der Wert der Variablen PSTRI grösser oder gleich wie der Wert der Quadratwurzel der Variablen S ist und A positiv ist, so drucke alle diese Variablen aus, im andern Fall nicht.
Lösung?

?????

51

Ja, das ist etwas kompliziert. In der Praxis wird es meistens einfacher sein. Doch nun das Resultat:

IF ((PSTRI.GE.(S**Ø.5)).AND.(A.GT.Ø.Ø) WRITE (6,7Ø) PSTRI,S,A

Da sind wieder zuviele Klammern, doch falsch wird es dadurch nicht, aber man ist sicherer, dass es richtig ist.

52

a) IF (P.GE.Q.AND.Q.LT.8) GO TO 37
b) IF (FRU.LT.(P-2.66*ERS)) 23, 23, 4Ø
c) IF (TRUE) 12, 12, 3
d) IF (B*B-4.*A*C.LT.Ø.) IF (B) 13,6,13

Welche der IF-Befehle sind richtig, welche falsch?

?????

53

a) ist richtig.
b) ist falsch, denn in der Klammer steht ein logischer Ausdruck, was auf eine logische IF-Anweisung deutet; die drei Anweisungsnummern hinter der Klammer deuten aber auf eine arithmetische IF-Anweisung hin. Diese Vermischung ist nicht gestattet.
c) Falls TRUE eine REAL-, DOUBLE PRECISION oder eine INTEGER-Variable ist, so ist diese Anweisung richtig. (In diesem Fall wäre es aber nicht zweckmässig, eine solche Variable mit TRUE, einem auf einen logischen Wert hindeutenden Namen, zu bezeichnen.)
d) ist richtig. Beachten Sie: In einer logischen IF-Anweisung ist eine arithmetische IF-Anweisung erlaubt, jedoch keine weitere logische IF-Anweisung!

54	So. Wir sind so weit. Atmen Sie tief und schlagen Sie die Aufgaben 3/1 auf und schreiben Sie die entsprechenden Programme. Ich rate Ihnen an, vor dem Schreiben der Programme ein Blockdiagramm zu zeichnen. Sie kommen so viel besser durch. (II/48)

55	Die Lösungen auf Seite I/108 für diese Aufgaben zeigen jeweils nur eine Version. Insbesondere kann man diese Probleme mit arithmetischen oder mit logischen IF lösen. Die eine Art ist aber meistens zweckmässiger. Ueberlegen Sie sich das beim Vergleichen Ihrer Lösungen mit den unsrigen.

56	Lesen Sie jetzt Seiten I/62 und I/63.

57 Die DO-Anweisungen sind ungeheuer wichtig. Achten Sie also darauf, dass Sie sie auch "en détail" verstehen.

Unten sehen Sie zwei Programme. Beide leisten dasselbe: Sie lesen 5Ø Karten mit je zwei Werten ein und zählen diese einzeln zusammen. Vor Schluss des Programms drucken sie die beiden Summen aus.

Das linke Programm ist mit einer IF-Anweisung geschrieben, das rechte mit einer DO-Anweisung.

Blockdiagramm

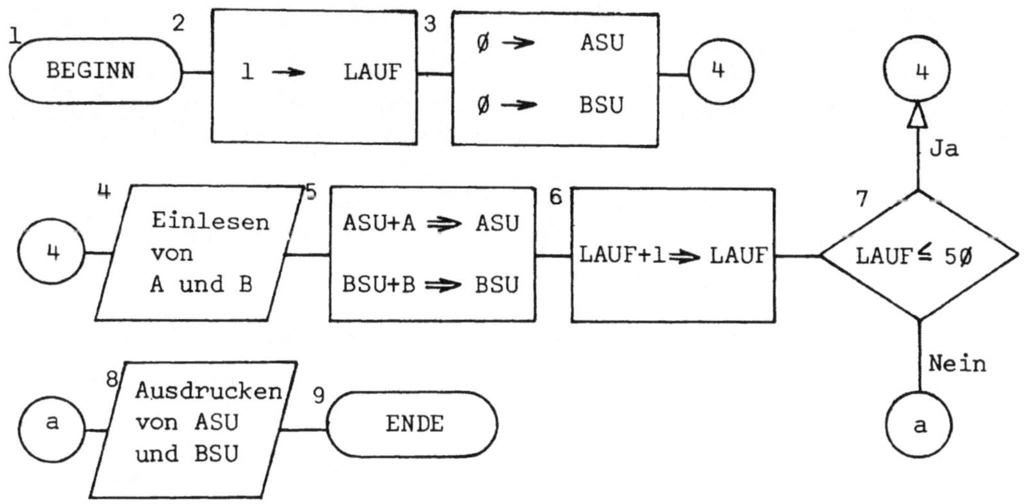

Programm

```
  INTEGER LAUF
  REAL A,B,ASU,BSU
  LAUF=1
  ASU=0.0
  BSU=0.0
4 READ (5,101) A,B
  ASU=ASU+A
  BSU=BSU+B
  LAUF=LAUF+1
  IF (LAUF.LE.50) GO TO 4
  WRITE (6,102) ASU,BSU
  STOP
  END
```

mit IF

```
    DATA ASU,BSU/0.0,0.0/
    DO 7 LAUF=1,50
    READ (5,101) A,B
    ASU=ASU+A
    BSU=BSU+B
  7 CONTINUE
  8 WRITE (6,102) ASU,BSU
101 FORMAT (2F10.0)
102 FORMAT (1H , 2(F14.6,10X))
    STOP
    END
```

mit DO

Das Blockdiagramm gilt natürlich für beide Programme! Sie sehen, so einfach die DO-Anweisung aussieht, im Blockdiagramm braucht es eine ganze Menge von Symbolen, die dann schliesslich die DO-Anweisung ausmachen.

Uebrigens: welche Symbole, welche "Kästchen" in unserem Beispiel?

?????

58 1) Das Kästchen 1 ⟹ LAUF (Nr. 2)
Diese Anweisung "entspricht" dem Parameter m_1 der DO-Anweisung.
2) Das Kästchen LAUF + 1 ⟹ LAUF (Nr. 6)
Diese Anweisung "entspricht" dem Parameter m_3 der DO-Anweisung.
3) Das Kästchen LAUF ≤ 5Ø (Nr. 7)
Diese Anweisung "entspricht" dem Parameter m_2 der DO-Anweisung.

59 Eine Anweisung des rechten Programmes lautet

```
DO 7 LAUF=1,5Ø,1
```

Auf die letzte 1, das Intervall, kann man hier verzichten; es muss nur geschrieben werden, wenn es grösser als 1 ist.

60 Jetzt sollen Sie ein Programm schreiben, das untereinander (also mit Hilfe einer Schlaufe und einem WRITE-Befehl) die Werte von

$2^{1Ø}, 2^9, 2^8, \ldots 2^2, 2^1$ ausdruckt.

Lassen Sie sich nicht verführen: Die Form

```
DO n I=1Ø,1,-1
```

ist nicht erlaubt; alle Parameter müssen positiv sein!

Wie sieht das Programm (inkl. Blockdiagramm) mit dem DO-Befehl aus?

?????

61 Blockdiagramm

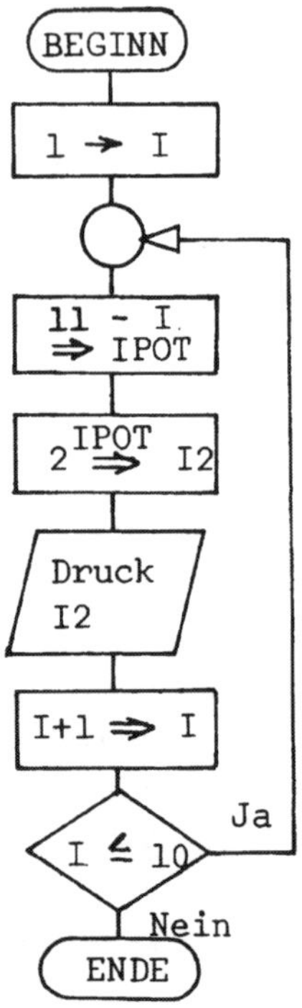

Programm

```
      DO 1 I=1,10
      IPOT=11-I
      I2=2**IPOT
      WRITE (6,2) I2
    1 CONTINUE
    2 FORMAT (1H ,I20)
      STOP
      END
```

Haben Sie das herausgefunden? Nein? Dann frage ich Sie: Haben Sie die DO-Anweisung wirklich verstanden? Ich rate Ihnen, noch einmal zu Punkt 56 zurückzukehren.

62	Schreiben Sie ein Programm, das einen Wert auf einer Karte einliest und dann sein Quadrat ausdruckt, und das für 1∅ Werte. Schreiben Sie je eine Version mit IF und DO.

?????

63

Blockdiagramm

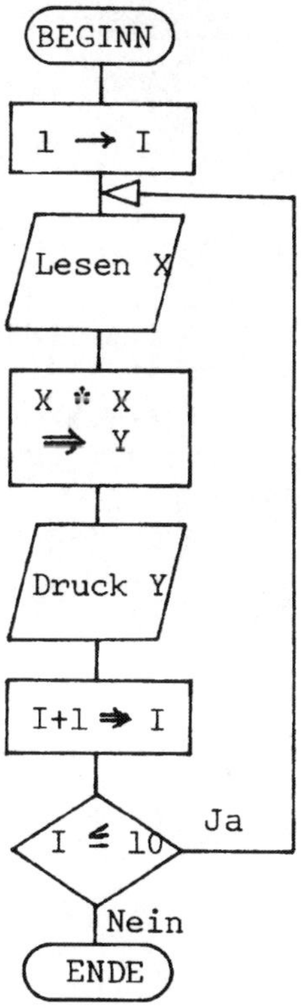

Programm mit IF

```
   I=1
 3 READ (5,11) X
11 FORMAT (F10.0)
   Y=X*X
   WRITE (6,12) Y
12 FORMAT (E16.7)
   I=I+1
   IF (I.LE.10) GO TO 3
   STOP
   END
```

Programm mit DO

```
  DO 4 I=1,10
  READ (5,11) X
  Y=X*X
  WRITE (6,12) Y
4 CONTINUE
  STOP
  END
```

64	Verstanden? Dann lesen Sie die Seiten I/64 und I/65.

65

Unten sehen Sie vier Programm-Ausschnitte. Welche sind von FORTRAN aus gesehen korrekt, welche falsch?

a)
```
      DO 27 R1=P,357
      DO 28 II=1,22,3
      READ (5,1) ASTR
      WRITE (6,2) ASTR, B
   28 CONTINUE
      WRITE (6, 3) BSTR
   27 CONTINUE
        :
```

b)
```
      DO 4 I=1,1,1
      DO 5 K=7,9,3
      DO 6 L=5,6
      WRITE (6,1) I,K,L
    5 CONTINUE
    6 CONTINUE
    4 CONTINUE
        :
```

c)
```
        :
      DO 32 KSTR=KL,KSIR,NØ
        :
      DO 28 L=KL,643
      NØ=I**13
      DO 28 M=3,KSIR,L
      WRITE (6,1) M,KSTR
   28 CONTINUE
      IF (I.LE.63) GO TO 33
   32 CONTINUE
   33 .....
    .   :
```

d)
```
        :
  127 DO 128 IR=3,1ØØ,2
      P=P+1.
      PR=P**PR
    4 RSTR=PR/(PR+1.)
  128 CONTINUE
      WRITE (6, 1Ø1) RSTR
      IF (RSTR) 129,4,129
  129 GO TO 127
        :
```

66 In allen vier Programmausschnitten sind mehr oder weniger schlimme Fehler produziert.

Gehen wir sie der Reihe nach durch:

a) Die Variablen in der ersten DO-Anweisung sind REAL-Variablen (RI,P); dort müssen aber INTEGER-Variablen stehen! Sonst ist das Programm FORTRAN-mässig richtig (falls die gebrauchten Variablen auch wirklich einen Wert haben).

b) Der Fehler liegt nicht etwa an den Parametern der DO-Anweisung, sondern an der falschen Verschachtelung. Die Folge der CONTINUE-Anweisung sollte sein:

```
6 CONTINUE
5 CONTINUE
4 CONTINUE
```

Falls sie so wäre, wie manchmal würden I, K und L ausgedruckt?

Nur 2 mal, denn:

Zuerst sind I=1, K=7 und L=5. Dann werden I, K und L einmal ausgedruckt. Bei 6 CONTINUE wird der Index L (innerste Schleife) um 1 erhöht, das ist gleich der oberen Grenze (6), also geht es noch. I, K und L werden ein zweites Mal ausgedruckt. Der Index L wird wiederum um 1 erhöht, was aber grösser als 6 ist, also ist die innerste Schleife beendet. Nun wird der Index K der mittleren Schleife um 3 erhöht, was aber wieder grösser als 9 ist, also ist die mittlere Schleife ebenfalls beendet. Nun wird der Index I der äussersten Schleife um 1 erhöht, was schon zu hoch ist; die DO-Schleifen sind alle ausgeführt.

c) Die Schleifen wären richtig ineinander geschachtelt. Jedoch wird auf der 3. Textzeile der obere-Grenze-Parameter NØ der ersten DO-Anweisung verändert. So etwas ist in der Schleife verboten. Sonst ist das Programm richtig.

d) Hier ist es ein Vorstoss gegen die Regel:

Hineinspringen in eine DO-Schleife von aussen her ist verboten!

Durch die Anweisung IF (RSTR) 129,4,129 ist die Möglichkeit da, dass das Programm nach Befehl 4 springt, und der liegt in der Schleife.

67 Und nun demonstriere ich Ihnen, falls Sie dazu bereit sind, eine interessante Anwendung verschachtelter DO-Schleifen.

68 Auf den folgenden Seiten werde ich Ihnen zur Uebung ein Problem vorstellen, dessen Lösung kurz und einfach aussieht, das aber doch etwas verlangt.

Denken Sie daran: nachdem diese Uebung vorbei ist, werden Sie wieder Aufgaben programmieren müssen!

69	Sie wissen sicher, was Primzahlen sind: nämlich INTEGER-Zahlen, die ohne Rest nur durch 1 und sich selbst teilbar sind, also 2, 3, 5, 7, 11, 13, 17, 19, 23, 31, ... Es gibt keine Formel zum Berechnen aller Primzahlen! Wir wollen die Primzahlen zwischen 3 und 500 ausdrucken lassen. Am wichtigsten bei einer solchen, logisch auf den ersten Blick nicht ganz einfachen Aufgabe ist es, ein Blockdiagramm zu zeichnen. Haben Sie das getan, so müssen Sie nur noch das Blockdiagramm in FORTRAN übersetzen, und das sollte ja keine Probleme mehr stellen.

70	Doch gehen wir systematisch vor: Problem Es sollen die Primzahlen zwischen 3 und 500 berechnet und ausgedruckt werden. Dabei ist zu beachten: a) Gerade Zahlen können keine Primzahlen sein, sie sind ja durch 2 teilbar. b) Gerade Zahlen können nicht Teiler von ungeraden Zahlen sein. c) Eine ganze Zahl ist maximal durch ihre Hälfte ohne Rest teilbar. Methode Wir lassen eine Zahl N mit dem Intervall 2 (Hilfsmittel a)) von 3 bis 499 wachsen. Bei jedem Schritt prüfen wir, ob die erreichte Zahl N durch eine andere Zahl L, die von 3 mit dem Intervall 2 (Hilfsmittel b)) bis N/2 (Hilfsmittel c)) wächst, ohne Rest teilbar ist. Ist sie das nicht, so haben wir eine Primzahl gefunden, andernfalls nicht.

71	Blockdiagramm Versuchen Sie, ein (noch grobes) Blockdiagramm aufzustellen.

?????

72 Blockdiagramm

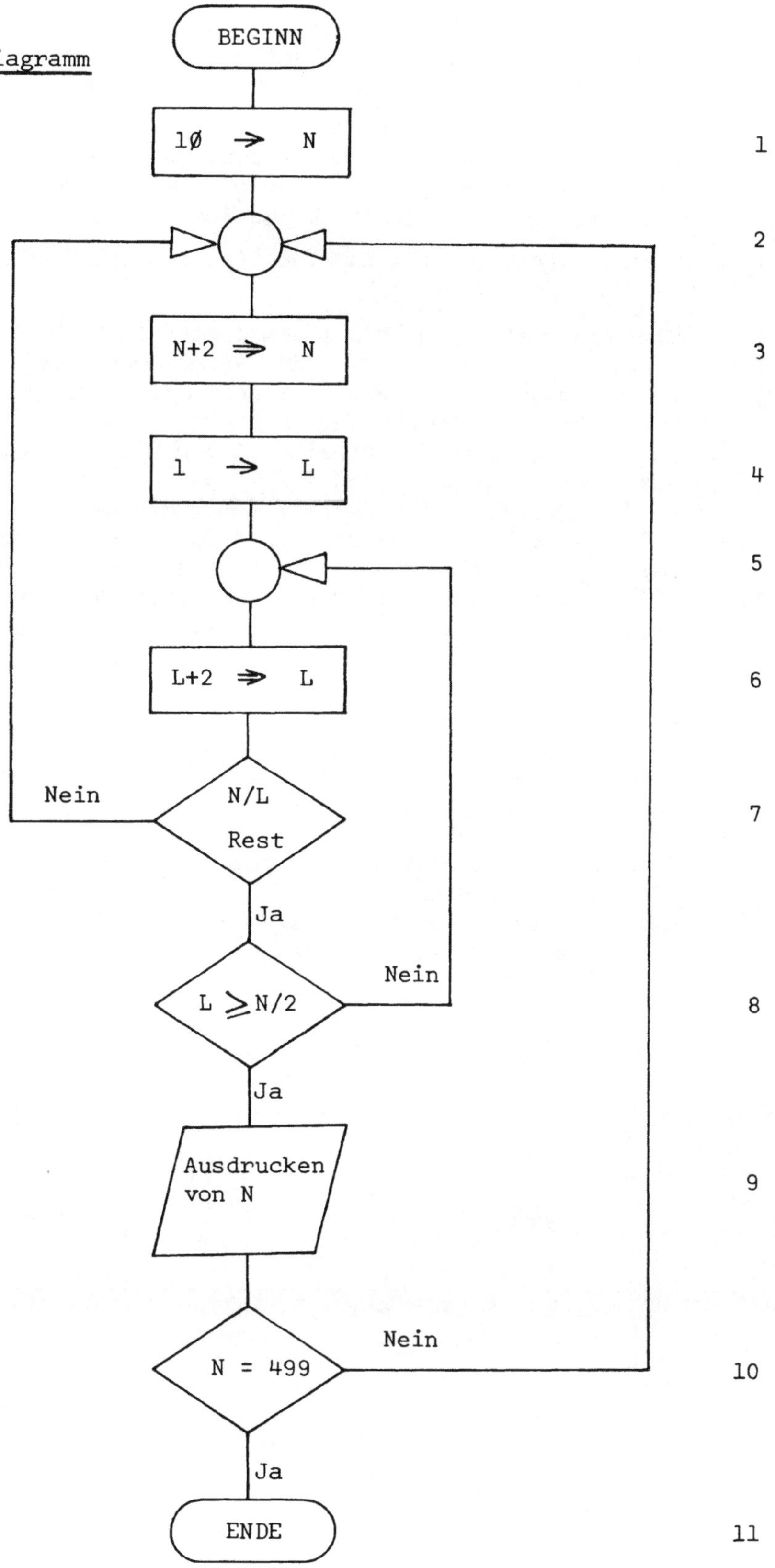

73	Haben Sie ein ähnliches Blockdiagramm erhalten? Oder sind Sie an der Zeile 7 gescheitert, haben Sie schon versucht herauszufinden, wie man prüfen könnte, ob zwei Zahlen ohne Rest teilbar sind? Zur Beruhigung kann ich Ihnen sagen, dass dieses Schema nicht der einzige Weg ist; es gibt wie immer beim Programmieren mehrere Wege, die zur Lösung des Problems führen. Ich werde Ihnen jetzt mein Blockdiagramm erklären. Unter dem Titel "Methode" stand auf Seite 5: - Wir lassen eine Zahl N mit dem Intervall 2 von 3 bis 499 wachsen. Zeile 1 und Zeile 3 setzen den Anfangswert fest (1+2=3), Zeile 3 setzt das Intervall 2 fest, die Abfrage auf Zeile 10 (N=499?) setzt die obere Grenze fest. Die Verbindung zwischen Zeile 10 und Zeile 2 bewirkt mit Zeile 3 das Wachsen der Variablen N. - .... eine andere Zahl L wächst von 3 mit dem Intervall 2 bis N/2. Zeile 4 und Zeile 6 setzen den Anfangswert (3) fest, Zeile 6 setzt das Intervall fest (2), die Abfrage auf Zeile 8 setzt die obere Grenze fest, die Verbindung zwischen Zeile 8 und Zeile 5 bewirkt mit Zeile 6 das Wachsen der Variablen L. - Wir prüfen, ob die erreichte Zahl N durch eine andere Zahl L ohne Rest teilbar ist. Das wird in Zeile 7 geprüft. - Ist sie das nicht (ist sie nie ohne Rest teilbar), so haben wir eine Primzahl gefunden, andernfalls (falls sie mindestens einmal ohne Rest teilbar ist) nicht. Zeile 7: Haben wir keinen Rest, so ist diese Zahl sicher keine Primzahl, und wir gehen nach Zeile 2; haben wir einen Rest, gehen wir nach Zeile 8 und prüfen, ob wir schon durch alle nötigen L dividiert haben. Wenn ja, sind wir fertig, und N ist eine Primzahl. Wenn nein, gehen wir nach Zeile 5. Noch Probleme? Natürlich, Zeile 7. Wie prüft man, ob zwei Zahlen ohne Rest teilbar sind? Versuchen Sie, das herauszufinden. (Tip: Sie müssen mit den Typen der Variablen spielen.)

?????

74

Ergeben N/L Rest?

Zur Lösung dieser Aufgabe gibt es wieder verschiedene Wege. Alle brauchen aber eine Reihe von Ergibt-Anweisungen mit gemischten Variablentypen . Anstatt Zeile 7 können zum Beispiel folgende Zeilen eingesetzt werden:

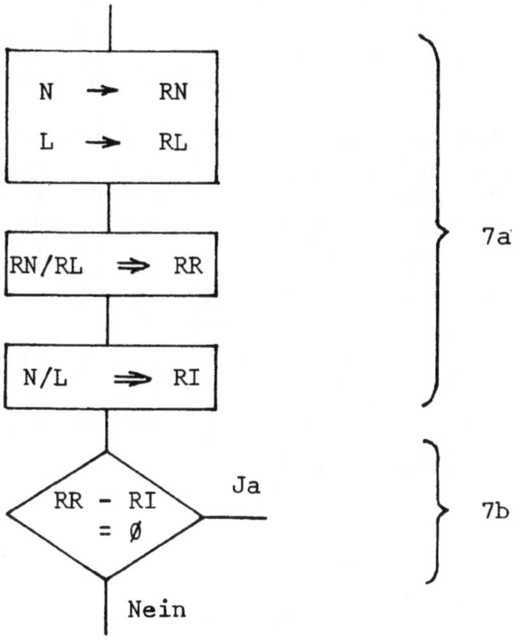

Die Variablen N, L sind wie vorher INTEGER, neue Variablen sind die REAL-Variablen RN, RL, RR, RI.

Die FØRTRAN-Anweisungen des Teils 7a des Blockdiagramms heissen

```
     RN = N                   1
     RL = L                   2
     RR = RN/RL               3
     RI = N/L                 4
```

Bei solchen Ergibt-Anweisungen müssen Sie aufpassen:
- Zuerst wird der Ausdruck rechts vom =-Zeichen ausgerechnet.
- Dann wird das Resultat der Variablen links zugewiesen und wenn nötig in den Typ der Variablen links umgewandelt.

In den Zeilen 1 und 2 werden die INTEGER-Variablen N und L in REAL-Zahlen verwandelt. Aus 7 und 3 z.B. werden 7. und 3. .
Zeile 3 bildet den REAL-Quotienten: 7./3.=2.3333333333,
Zeile 4 bildet den INTEGER-Quotienten 7/3=2 und wandelt das Resultat anschliessend in REAL um: 2. .
Ist RR-RI=Ø.? In unserem Beispiel nicht, also gibt 7/3 Rest.

Damit sind wir im Programm beinahe fertig. Wir, d.h. Sie müssen nur noch das Blockdiagramm in FORTRAN-Anweisungen umschreiben. Also zurückblättern und schreiben. (Wieder ohne FORMAT-Anweisungen.)

Sie können IF- oder DO-Anweisungen gebrauchen.

?????

75

Programm mit IF-Anweisung

```
      N=1
    1 N=N+2
      L=1
    2 L=L+2
      RN=N
      RL=L
      RR=RN/RL
      RI=N/L
      IF ((RR-RI).EQ.0.) GO TO 1
      IF (L.LT.N/2) GO TO 2
      WRITE ( 6, 101) N
      IF (N.LE.499) GO TO 1
      STOP
      END
```

mit DO-Anweisung

```
      DO 3 N=3,499,2
      M=N/2
      DO 4 L=3,2,M
      RN=N
      RL=L
      RR=RN/RL
      RI=N/L
      IF ((RR-RI).EQ.0.0) GO TO 3
    4 CONTINUE
      WRITE (6,101) N
    3 CONTINUE
  101 FORMAT (1H ,'PRIMZAHL',I12)
      STOP
      END
```

76

Ausschnitt aus der Ausgabe

```
PRIMZAHL          229
PRIMZAHL          233
PRIMZAHL          239
PRIMZAHL          241
PRIMZAHL          251
PRIMZAHL          257
PRIMZAHL          263
PRIMZAHL          269
PRIMZAHL          271
PRIMZAHL          277
PRIMZAHL          281
PRIMZAHL          283
PRIMZAHL          293
PRIMZAHL          307
PRIMZAHL          311
PRIMZAHL          313
PRIMZAHL          317
PRIMZAHL          331
```

77

Lösen Sie zum Schluss dieses Kapitels die Aufgaben 3/2 und 3/3. (Seiten II/49 und II/50.)

78

Sehen Sie sich die Lösungen an. (Seite I/110.)

79

In allen Programmen kommen gewisse gleich gestaltete Programmteile immer wieder vor. Man stellt diese darum in Unterprogrammen zusammen, die dann anstelle der Programmteile aufgerufen werden können.

80 Die einfachste Art dieser Unterprogramme sind die schon im Compiler eingebauten FORTRAN-Funktionen.

Lesen Sie die Seiten I/68 und I/69.
Sehen Sie sich dazu auch die Tabelle im Anhang, Seite I/130. an.

81 Auf Seite I/69 sieht das vielleicht noch reichlich abstrakt aus. Sie werden sich aber bald an diese FORTRAN-Funktionen fast ohne zu überlegen gewöhnen.

Was Sie aber vor allem von dieser Seite behalten müssen, sind die unterstrichenen Begriffe: Name einer Funktion, Argument, Resultat.

82 In der folgenden Anweisung kommen zwei FORTRAN-Funktionen vor.

Schreiben Sie die Argumente und die Resultate der beiden Funktionen heraus:

```
A=Ø.6
WABS=SQRT(12.2+AMAX1(-3.Ø,A+3.2,1.ØE-2))
```

?????

83 Die eine FORTRAN-Funktion ist AMAX1.
Sie hat mehrere Argumente, die durch Kommas getrennt sein müssen.
In unserem Fall hat sie drei Argumente, nämlich

```
-3.Ø    A+3.2    1.9E-2
```

Da A=Ø.6, sind die drei Argumente

```
-3.Ø    3.8    1.9E-2
```

Die Funktion AMAX1 ermittelt den Maximalwert (Resultat = 3.8) und weist ihn dem Namen AMAX1(...) zu.

Die Funktion SQRT hingegen hat nur ein Argument, das hier ein arithmetischer Ausdruck ist:

```
12.2+AMAX1(...)
```

Der Wert des Arguments ist

```
12.2+3.8=16.Ø
```

Das Resultat ist also offenbar $\sqrt{16.Ø}$ = +4.Ø

Dieses Resultat wird dem Namen SQRT(...) und dann der Variablen WABS zugewiesen.

84 Die beiden Konversionsfunktionen FLOAT und IFIX werden gebraucht, um in einem arithmetischen Ausdruck alle Variablen auf den gleichen Typ zu bringen.

Das folgende Programm ist wegen der 4. Zeile nicht erlaubt (alle Variablen und Konstanten in einem arithmetischen Ausdruck müssen ja vom selben Typ sein):

```
INTEGER I,K
REAL R,S
READ (5,1Ø1) I,R
S=I+R
  :
```

Richtig lautet das Programm:

```
INTEGER I,K
REAL R,S
READ (5,1Ø1) I,R
S=FLOAT(I)+R
  :
  .
```

Ist der Wert von I z.B. 3, so ist das Resultat FLOAT(I) = 3.Ø.

85 Gegen welche Regel verstösst das folgende Programm?

```
INTEGER A1,A2,A3
REAL C,FSTR
READ (5,1Ø1) C,A1
FSTR=C**A1
A2=A1**C
  :
```

?????

86 Es sind nur die folgenden Arten von Potenzieren erlaubt:

$(\text{INTEGER-Zahl})^{(\text{INTEGER-Zahl})}$

$(\text{REAL-Zahl})^{(\text{INTEGER-Zahl})}$

$(\text{positive REAL-Zahl})^{(\text{REAL-Zahl})}$

A2=A1**C ist also sicher falsch. Wie muss die Anweisung durch Gebrauch einer FORTRAN-Funktion abgeändert werden?

?????

87 Es muss heissen: (je nach dem, was gewünscht wird)

A2=A1**IFIX(C) oder A2=FLOAT(A1)**C

Die beiden A2 sind natürlich nicht gleich. Ist z.B. A1=2 und C=Ø.5, so ist A2 einmal $2^0=1$, dann aber $2^{1/2}=\sqrt{2}$.

88 Wie die Bemerkung ③ - S. I/130 sagt, sind die Argumente bei SIN und COS nicht im Winkelmass, sondern im Bogenmass verlangt.

SIN(6Ø.Ø) bedeutet deshalb nicht etwa sin 60°, sondern soviel wie sin $(60 \cdot 57.29578^\circ)$ = sin 3438° !

Merken Sie sich: 3.14 = π Bogenmass = 180° Winkelmass

1° Winkelmass = 0.0174 Bogenmass

1.Ø Bogenmass = 57.29578° Winkelmass.

89 Lösen Sie jetzt die Uebungsserie 4/1, Seite II/51.

90 Vergleichen Sie Ihre Antworten mit den Lösungen des Kurses. (Seiten I/115 und I/116.)

91 Bis jetzt hat die Form des Unterprogramms selbst keine Rolle gespielt. Wenn wir die Unterprogramme selbst konstruieren, so muss man also klar unterscheiden zwischen der Form des Unterprogramms und der Form des Aufrufes. Man unterscheidet drei Arten von Unterprogrammen:

- die SUBROUTINE-Unterprogramme oder Subroutinen
- die FUNCTION-Unterprogramme
- die Anweisungs-Funktionen

Lesen Sie die Seiten I/70 und I/71.

92 Auch hier geht es zuerst darum, dass Sie die Begriffe verstanden haben. Beantworten Sie deshalb die folgende Frage:

Welche dieser Sätze sind sicher falsch:

- Die aktuellen Parameter im Aufruf sind zu klein.
- Diese Subroutine ist falsch, weil sie mehr Resultate als Argumente hat.
- Der Aufruf einer Subroutine darf nicht in einem arithmetischen Ausdruck erfolgen, er ist selbst eine Anweisung.
- Dieses Unterprogramm gibt falsche Resultate zurück, weil der Typ des dritten formellen Parameters REAL, der Typ aller aktuellen Parameter dagegen INTEGER ist.

?????

93 Der erste Satz ist eine mögliche Aussage.
Der zweite Satz ist sicher falsch. Die Anzahl von Resultaten und Argumenten sind voneinander unabhängig.
Der dritte Satz ist richtig. Das ist der Unterschied von Subroutinen und Funktionen.
Der vierte Satz ist auch richtig.

Haben Sie diese Begriffe verstanden?
Studieren wir sie an einem Beispiel.

94	Das nächste Unterprogramm soll folgendes leisten: Aus vier REAL-Zahlen sollen die grösste und die kleinste der Absolutwerte der Zahlen ermittelt werden. Die <u>formellen Parameter</u> wollen wir folgendermassen benennen: die vier Zahlen A, B, C, D (das sind die <u>Argumente</u>) kleinste Zahl AMIN grösste Zahl AMAX (das sind die <u>Resultate</u>) Der <u>Subroutinename</u> soll MIMA heissen. Der <u>Subroutinentitel</u> (die erste Zeile des Unterprogramms) lautet demanch SUBROUTINE MIMA(A,B,C,D,AMIN,AMAX) Schreiben Sie das Unterprogramm mit Hilfe der eingebauten Funktionen (S. I/130).

?????

95	Es lautet: SUBROUTINE MIMA(A,B,C,D,AMIN,AMAX) AMIN=AMIN1(ABS(A),ABS(B),ABS(C),ABS(D)) AMAX=AMAX1(ABS(A),ABS(B),ABS(C),ABS(D)) RETURN END Beachten Sie: ABS(AMIN1(A,B,C,D)) ≠ AMIN1(ABS(A), ABS(B), ABS(C), ABS(D)) Im Hauptprogramm sollen die Zahlen A1, A2 und A3 eingelesen werden. Mit Hilfe des Unterprogramms ist die absolut grösste Zahl unter den Werten von A1+A2, A1+A3, +7.3 und A3 zu finden. Wie lautet das Hauptprogramm?

?????

96

```
      REAL A1,A2,A3,RES1,RES2
      READ (5,1) A1,A2,A3
      CALL MIMA(A1+A2,A1+A3,7.3,A3,RES1,RES2)
      WRITE (6,2) RES2,A1,A2,A3
    1 FORMAT (3F10.0)
    2 FORMAT (1H0,F14.6,3F10.6)
      STOP
      END
```

<u>die aktuellen Parameter</u> sind hier die Werte von
A1+A2, A1+A3, 7.3, A3, RES1, RES2 .

<u>Argumente</u> sind
A1+A2, A1+A3, 7.3, A3

<u>Resultate</u> sind
RES1, RES2

Der Wert des aktuellen Parameters	tritt an die Stelle des formellen Parameters
A1+A2	A
A1+A3	B
7.3	C
A3	D
RES1	AMIN
RES2	AMAX

Falls A1=7.2
A2=-2.3
A3=∅.∅
sind die Werte der aktuellen Parameter
RES1=∅.∅
RES2=7.3

Der Output sieht so aus:

```
    7.3        7.2      -2.3     0.0
```

97	Suchen Sie die Fehler im folgenden Programm:

```
      REAL ANNA,IRMA,RSTR
      INTEGER PAUL, I, K, L
      READ (5,1Ø1) ANNA, IRMA, PAUL
      CALL NAME(ANNA,IRMA**2,PAUL,RSTR)
      WRITE (6,1Ø2) ANNA,RSTR
      CALL NAME(PAUL,IRMA,RSTR,RSTR)
      WRITE (6,1Ø2) PAUL,RSTR
      STOP
  1Ø1 FORMAT (2F1Ø.Ø,I1Ø)
  1Ø2 FORMAT (1H, 2(F13.3,3X))
      END

      SUBROUTINE NAME (A,B,C,D)
      REAL A,B,D
      INTEGER C,I
      D=Ø.Ø
      C=IABS(C)
      DO 1 I=1,C
      D=D+FLOAT(I)*(A+B)
    1 CONTINUE
      RETURN
      END
```

?????

98 Man kann sich darauf beschränken, die 6. und 7. Anweisung des Hauptprogramms zu korrigieren. In der 6. Anweisung

```
CALL NAME(PAUL, IRMA, RSTR, RSTR)
```

stimmt der Typ des Parameters PAUL (INTEGER) nicht mit dem Typ des entsprechenden formalen Parameters A(REAL) überein. Deshalb wird anstatt PAUL einfach FLOAT(PAUL), also ein INTEGER-Wert, gesetzt.

Auch der dritte Parameter, als formaler Parameter vom Typ INTEGER, ist im Aufruf als aktueller Parameter vom Typ REAL. Anstatt RSTR können wir IFIX(RSTR) setzen.

Sind Sie gut vorbereitet für die nächste Aufgabenserie?

99 Lösen Sie die Uebungen 4/2, Seite II/52.

100 Vergleichen Sie Ihre Lösungen mit den unsrigen. (Seiten I/117 bis I/119.)

101	Lesen Sie jetzt Seite I/72 und I/73.

102	In Aufgabe 4/2 haben Sie eine SUBROUTINE geschrieben, die so aussah:
	`SUBROUTINE GRABOG( GRA,BOG)`
	`REAL GRA,BOG`
	`BOG=GRA*0.0174533`
	`RETURN`
	`END`
	Kann man diese SUBROUTINE auch als FUNCTION-Unterprogramm schreiben?

?????

103	Ja, diese SUBROUTINE eignet sich besonders dazu. Warum?

?????

104	Sie hat nur ein Resultat. In der FUNCTION wird man dieses Resultat dem FUNCTION-Namen zuweisen. Schreiben Sie das FUNCTION-Unterprogramm, das dasselbe leistet wie das SUBROUTINE-Unterprogramm GRABOG.

?????

105	Das FUNCTION-Unterprogramm sieht so aus:
	`FUNCTION GRABOG(GRA)`
	`GRABOG=GRA*0.0174533`
	`RETURN`
	`END`
	Falls wir explizit vereinbaren wollen:
	`REAL FUNCTION GRABOG(GRA)`
	`REAL GRA`
	`GRABOG=GRA*Ø.Ø174533`
	`RETURN`
	`END`

106	Wir wollen jetzt diese FUNCTION GRABOG in einem Programm aufrufen, das den Tangens (=sin a/cos a) eines Winkels, der in Grad eingelesen wird, berechnet und ausdruckt: Wie sieht das Programm aus?

?????

107

Das Programm sieht folgendermassen aus:

```
      REAL A,TANA
      READ (5,101) A
  101 FORMAT (F10.0)
      TANA=SIN(GRABOG(A))/COS(GRABOG(A))
      WRITE (6,102) A,TANA
  102 FORMAT (1H ,2(F10.3,8X))
      STOP
      END
```

Ist diese Form SIN(GRABOG(A)) wirklich erlaubt?

Ja, denn

- SIN ist eine eingebaute FORTRAN-Funktion. Das Argument einer eingebauten Funktion darf nach Definition (S. I/72) ein arithmetischer Ausdruck sein.
- Der Aufruf einer FUNCTION geschieht dadurch, dass ihr Name mit den Parametern in einem arithmetischen Ausdruck erscheint, insbesondere ist der Aufruf allein ein arithmetischer Ausdruck.

108

Richtig ist auch die Form

```
      REAL TANA,A,ABOG
      READ (5,101) A
  101 FORMAT (F10.0)
      ABOG=GRABOG(A)
      TANA=SIN(ABOG)/COS(ABOG)
      WRITE (6,102) A,ABOG,TANA
  102 FORMAT (1H ,3(F10.3,8X))
      STOP
      END
```

Diese Form hat den Vorteil, dass das Unterprogramm GRABOG nur einmal aufgerufen wird.

109

Besteht ein Unterprogramm aus dem Titel des Unterprogramms, der RETURN- und der END-Anweisung und nur <u>einer</u> weiteren Anweisung, so kann es am Anfang des Hauptprogramms in der folgenden Form geschrieben werden.

(Das Unterprogramm GRABOG erfüllt diese Bedingung, wenn man implizit vereinbart):

```
GB(GRA)=GRA*Ø.Ø17433
```

Diese einfachste Unterprogrammart heisst <u>Anweisungs-Funktion</u>.

110

Im folgenden sind, immer noch für das bekannte Beispiel, die beiden Möglichkeiten nebeneinander gestellt:

Mit FUNCTION-Unterprogramm

```
     REAL TANA,A,ABOG
     READ (5,101) A
101  FORMAT (F10.0)
     ABOG=GRABOG(A)
     TANA=SIN(ABOG)/COS(ABOG)
     WRITE (6,102) A,ABOG,TANA
102  FORMAT (1H ,3(F10.3,8X))
     STOP
     END
```

Mit Anweisungs-Funktion

```
     REAL A,TANA,ABOG,GRA
     GB(GRA)=GRA*0.0174533
     READ (5,101) A
101  FORMAT (F10.0)
     ABOG=GB(A)
     TANA=SIN(ABOG)/COS(ABOG)
     WRITF (6,102) A,ABOG,TANA
102  FORMAT (1H ,3(F10.3,8X))
     STCP
     END
```

111

Nun kennen Sie eine ganze Reihe von Unterprogramm-Arten. Hier noch einmal die wichtigsten Punkte:

- eingebaute Unterprogramme
  Sie brauchen sich nicht um das Unterprogramm zu kümmern. Wichtig ist, dass Sie auf eventuelle Einschränkungen in der Grösse des Arguments achten. Der Aufruf geschieht durch Einsetzen des Namens der Funktion mit den Parametern wie eine normale FORTRAN-Variable in einem arithmetischen Ausdruck.

- Anweisungs-Funktion
  Das Unterprogramm besteht aus einer einzigen Anweisung, die am Anfang des Programms, aber nach den Typ-Vereinbarungen stehen muss. Alle Variablen, die links als Parameter der Funktion auftreten, müssen auch rechts erscheinen. Der Aufruf geschieht wie bei den eingebauten Unterprogrammen.

- FUNCTION-Unterprogramme
  Diese Unterprogramme können separat vom aufrufenden Programm kompiliert werden. Dem Namen der FUNCTION ist ein Resultat in einer Ergibt-Anweisung des Unterprogramms zugewiesen worden; die FUNCTION hat also einen Typ. Ausser der FUNCTION-Anweisung (1. Anweisung des Unterprogramms) und der RETURN-Anweisung (zweitletzte Anweisung) sieht das Unterprogramm wie ein normales FORTRAN-Programm aus. Der Aufruf geschieht wie bei der eingebauten Funktion.

- SUBROUTINE-Unterprogramme
  Auch diese Unterprogramme können separat vom aufrufenden Programm kompiliert werden. Alle Argumente und Resultate erscheinen als formelle (im Unterprogramm) und als aktuelle (im Hauptprogramm) Parameter hinter dem Namen der SUBROUTINE. Dem Namen selbst ist kein Wert zugeordnet. Ausser dem SUBROUTINEN-Titel und der RETURN-Anweisung ist das Unterprogramm wie ein normales FORTRAN-Programm aufgebaut. Der Aufruf geschieht durch die CALL-Anweisung.

112	Ich glaube, Sie sind jetzt gut vorbereitet für die nächste Aufgabenserie. Werden Unterprogramme in einer Aufgabe verlangt, so überlegen Sie sich zuerst, welche Unterprogramm-Art wohl am zweckmässigsten ist. Lösen Sie die Uebungen 4/3, Seiten II/53 und II/54.

113	Sehen Sie sich die Lösungen an. (Seiten I/120 bis I/125.)

114	In der Mathematik ist eine "indizierte Variable" eine Variable in der Form a_i , wobei i "Index" genannt wird. Eine ähnliche Möglichkeit besteht in FORTRAN: Der Name einer Variablen kann A(I) sein, wobei der Wert von I INTEGER und positiv sein muss. Lesen Sie die Seiten I/76 und I/77.

115

Die indizierten Variablen braucht man z.B. oft dann, wenn man in einer READ-Anweisung in mehreren Durchläufen mehrere Variablen einlesen will:

Das folgende Programm liest 2Ø verschiedene Variablenwerte ein:

```
      DIMENSION WERT(2Ø)
      DO 2 I=1,2Ø
      READ(5,1Ø1) WERT(I)
    2 CONTINUE
  1Ø1 FORMAT(F1Ø.Ø)
        .
        .
        .
```

Auf jeder der 2Ø Datenkarten ist ein Wert von WERT(I) abgelocht, und zwar auf der ersten der Wert WERT(1), auf der 2. der Wert WERT(2), etc.

Steht anstelle DO 2 I=1,2Ø die Anweisung
DO 2 I=1,3Ø, so wäre das Programm falsch, denn die DIMENSION-Anweisung DIMENSION WERT (2Ø) genügt nicht mehr. Es müsste DIMENSION WERT (3Ø) gesetzt werden.

116

Mit Hilfe der indizierten Variablen und der DO-Anweisungen kann man mathematische Ausdrücke von der Form

$$s = \sum_{i=1}^{n} a_i$$

sehr bequem programmieren:

```
      S = Ø.Ø
      DO 1 I=1,N
      S = S+A(I)
    1 CONTINUE
```

Natürlich müssen N und alle Elemente des Feldes A, die in die Rechnung eingehen, einen Wert aufweisen.

Nehmen Sie an, N sowie die Elemente von A würden eingelesen. Wie sieht dann der Anfang des Programms aus?

?????

117

Die erste Anweisung (falls implizit vereinbart wird) lautet zum Beispiel:

```
     DIMENSION A(1ØØ).
```

Haben Sie etwa geschrieben

```
     DIMENSION A(N)?
```

Das wäre falsch, denn N wurde ja noch nicht eingelesen; anderseits kann durch keinen Kunstgriff N von der DIMENSION-Anweisung eingelesen werden.

Mit 1ØØ geben wir einfach einen maximalen Wert von N an. Je nach der Lage kann man auch irgendeinen andern Index, der gross genug ist, wählen.

Das Programm lautet:

```
      DIMENSION A(100)
      READ (5,101) N
      IF (N.GT.1C0)  GO TO 3
      DO 1 I=1,N
      READ  (5,102) A(I)
    1 CONTINUE
      S=C.0
      DO 2 I=1,N
      S=S+A(I)
    2 CONTINUE
      WRITE (6,103) S
      STOP
    3 WRITE (6,104) N
      STOP
  101 FORMAT (I10)
  102 FORMAT (F7.C)
  103 FORMAT (1H ,F18.6)
  104 FORMAT (' N IST ZU GROSS  ( N = ',I10,' )',)
      END
```

Ist der Gebrauch des Feldes A im oberen Programmstück unerlässlich? Könnte man nicht mit weniger Speicherplatz auskommen?

118 Man kann anstatt mit 1ØØ mit nur einem Speicherplatz auskommen, denn das Einlesen in ein Feld hat nur dann einen Sinn, wenn diese Feldelemente nachher einzeln im Programm unabhängig vom Einlesen gebraucht werden. Im obigen Programm ist das nicht der Fall.

Es kann also anstelle der Zeilen 4 bis 10 geschrieben werden:

```
  S=0.0
  DO 1 I=1,N
  READ (5,101) AE
  S=S+AE
1 CONTINUE
```

Ist aber in der Fortsetzung des Programms der Wert von STR nach der Formel

$$STR = \sum_{i=1}^{n} a_i - \frac{S}{n}$$

zu berechnen, so wäre das Feld wirklich unumgänglich.

119 Lösen Sie die Aufgabe 5/1, Seite II/55. Zeichnen Sie auf jeden Fall zuerst ein Blockdiagramm!

120 Studieren Sie die Lösung Seite I/126.

121 Lesen Sie die Seiten I/78 und I/79.

122 Merken Sie sich:

- Die Index-Variable einer indizierten Variablen, die im Programm vorkommt, muss irgendwo vorher im Programm einen Wert zugewiesen erhalten haben.
- Der Wert des Index darf nie kleiner als 1 werden.
- Der Wert des Index darf nie grösser werden, als in der DIMENSION-Anweisung angegeben ist.
- Der Wert des Index muss immer vom Typ INTEGER sein.

123

Vielleicht haben Sie schon einmal etwas über Matrizen gehört. Das sind mathematische Gebilde in der folgenden Art

$$\begin{pmatrix} a_{11} & a_{12} & a_{13} & a_{14} & \cdots & a_{1n} \\ a_{21} & a_{22} & a_{23} & a_{24} & \cdots & a_{2n} \\ \vdots & \vdots & \vdots & \vdots & & \vdots \\ a_{m1} & a_{m2} & a_{m3} & a_{m4} & \cdots & a_{mn} \end{pmatrix}$$

Es sind also eine Art Tabellen, wo jedes Element zwei Indices hat, den ersten bezeichnet man als Zeilenindex, den zweiten als Spaltenindex.

Durch den Wert der beiden Variablen m und n ist die Grösse der Matrix gegeben; man spricht von einer m mal n-Matrix.
Wir wollen im Folgenden nur quadratische Matrizen anschauen, also solche, wo m = n ist.

Das Interessante für den Programmierer ist:

Solche Matrizen kann man, wenn ihre Zeilenzahlen und Spaltenzahlen gleich sind, addieren und multiplizieren. Das sind in der Praxis sehr oft wiederkehrende Aufgaben, es lohnt sich also, dafür Unterprogramme zu schreiben.

124

Die Addition ist mit der folgenden Formel definiert:

Matrix: Matrix C = Matrix A + Matrix B
Elemente: $c_{ik} = a_{ik} + b_{ik}$ für jedes Element

Lauten die Matrizen (n = 2)

$$A = \begin{pmatrix} 2 & 3 \\ -1 & 0 \end{pmatrix} \qquad B = \begin{pmatrix} 3 & 8 \\ 1 & 4 \end{pmatrix}$$

so lautet das Resultat C = A + B

$$C = \begin{pmatrix} 5 & 11 \\ 0 & 4 \end{pmatrix}$$

Nach dieser detaillierten Einführung bin ich sicher, dass Sie jetzt ein Unterprogramm MATADD(A,B,C,N) schreiben können.

?????

125 Ich hoffe, dass Sie sich nicht am Subroutinen-Titel

SUBROUTINE MATADD(A,B,C,N)

gestossen haben. Als Parameter in Unterprogrammen können auch Feldnamen erscheinen. Diese Felder müssen aber auch (als formale Parameter) im Unterprogramm in einer DIMENSION-Anweisung stehen. Hier kann man (im Gegensatz zu einem gewöhnlichen Programm) in der DIMENSION-Anweisung INTEGER-Variablen einsetzen, falls es sich dabei um Argumente handelt.

Bei unserem Problem ist N sicher eine INTEGER-Variable und ein Argument, N bezeichnet ja die "Grösse" der Matrix, d.h. die Anzahl Zeilen = Anzahl Spalten.

Die zweite Anweisung wird also lauten

DIMENSION A(N), B(N), C(N)

Das Feld A darf natürlich trotzdem nicht mehr Elemente aufweisen, als das Feld des entsprechenden aktuellen Parameters im aufrufenden Programm!

Somit lautet das Unterprogramm MATADD:

```
      SUBROUTINE MATADD(A,B,C,N)
C     GEHOERT ZU S125
      DIMENSION A(N),B(N),C(N)
      DO 1 I=1,N
      DO 1 K=1,N
      C(I,K)=A(I,K)+B(I,K)
    1 CONTINUE
      RETURN
      END
```

126 Lösen Sie jetzt Uebung 5/2, Seite II/56.

127 Sehen Sie sich die Lösung auf Seite I/127 an.

128 Damit sind wir am Ende des Kapitels "Felder und indizierte Variablen" angelangt. Das letzte Kapitel behandelt in Form von Beispielen die EIN- und AUSGABE-Befehle sowie die FORMAT-Anweisungen.

129

Immer wieder haben wir bis jetzt in den Programmen die FORMAT-Anweisungen übergangen. Das soll jetzt ändern. Lesen Sie dazu die Seiten I/82 und I/83.

130

Man unterscheidet grundsätzlich zwischen Ein- und Ausgabe.

Zuerst wollen wir einige Beispiele zur Eingabe ansehen. Lesen Sie dazu die Seiten I/84 bis I/89.

131

Durch die READ-Anweisung

```
READ (5,1Ø1) IS, F, T(3)
```

sollen die drei Variablen IS, F und T(3) eingelesen werden, die die folgenden Werte beinhalten

IS=2463
F = 3.29
T(3) = -2.0E2

Die einzulesende Lochkarte sieht folgendermassen aus:

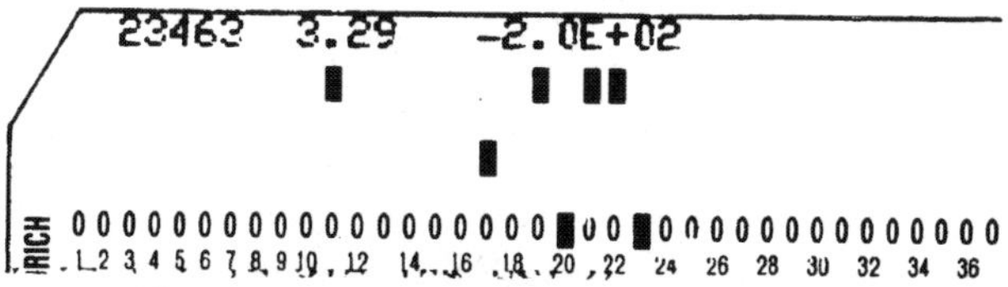

Wie lautet die FORMAT-Anweisung ?

?????

132

```
1Ø1 FORMAT (I7, F6.Ø, E11.Ø)   oder
1Ø1 FORMAT (2x, I5, 2x, F4.Ø,3x, E8.Ø)
```

133

Bei den FORMAT-Anweisungen im Zusammenhang mit WRITE-Anweisungen muss man auf folgendes achten:

Das durch eine WRITE- und die dazugehörige FORMAT-Anweisung bestimmte Zeichen, das für die erste Stelle einer Zeile bezeichnet ist, wird
nie ausgedruckt,
sondern dient zur Steuerung des Papiervorschubs.

Ist dieses Zeichen Ø, so wird vor dem Druck
um zwei Zeilen weiter geschaltet,
ist es 1, so wird vor dem Druck auf den Kopf der nächsten Seite geschaltet,
ist es +, so wird vor dem Druck nicht geschaltet,
ist es irgend etwas anderes, so wird vor dem Druck um eine Zeile geschaltet. Das ist der Normalfall.

134	Um dieses erste Zeichen gut kontrollieren zu können, wird oft als erster Feldspezifikator der Code H gebraucht: FORMAT (1HØ, ... bedeutet dann, dass das Vorschubzeichen Ø ist, dass vor dem Druck also um zwei Zeichen weiter geschaltet wird. FORMAT (1H , ... bedeutet, dass der Papiervorschub normal zu geschehen hat. Beachten Sie, dass zwischen dem Code H und dem nächsten Feldspezifikator zuerst eine Leerstelle, und dann ein Komma steht.

135	Doch nun zu den Beispielen. Studieren Sie die Seiten I/90 bis I/95.

136	In diesen Beispielen wurde oft von "interner Darstellung" gesprochen. Das war nur eine Hilfe für uns, denn in Wirklichkeit ist die interne Darstellung einer Variablen wesentlich anders, als wie sie hier angegeben wurde.

137	Lösen Sie Uebung 6 auf Seite II/57

138	Sehen Sie sich die Lösung an. (Seite I/128.)

139	Damit sind Sie am Ende dieses Kurses angelangt. Ich hoffe, dass Sie die Möglichkeit haben, Ihren gelernten Stoff bald auch in der praktischen Anwendung zu erproben und zu vertiefen.

AUF WIEDERSEHEN!

2. Uebungen

UEBUNG 2/1 a) Welche der folgenden Variablennamen sind zulässig:

I	1ALPHA
INDEX	READ
M234992	N-GANZ
LILI	02326
KILO	b3
XLCHZ	TØØØ
CHIQUA	PR:1ØØ

b) Im Lauf der Ausführung eines Programms haben die Variablen folgende Werte erhalten:

P	23.3
Q	Ø
WSTR	1.77342
LØ	Ø.3
PSI	234

Wie sieht die Ausgabe mit den folgenden WRITE-Anweisungen aus?

```
WRITE (6,1)P,WSTR
WRITE (6,1) WSTR
WRITE (6,2) PSI, LO, Q
WRITE (6,3) PSI, PSI, PSI
```

(Die FORMAT-Befehle seien so gestaltet, dass jeweils immer eine Zeile pro WRITE-Anweisung ausgedruckt wird.)

c) In einem Problem kommen die Variablen Tageshöchsttemperatur, Tagestiefsttemperatur, Tagesdruchschnittstemperatur, Wochenhöchst-, Wochentiefst- und Wochendurchschnittstemperatur, sowie die Variablen Tag, Monat und Jahr vor. Wählen Sie geeignete Namen für diese Variablen.

UEBUNG 2/2'

a) Welche der folgenden Konstanten sind gleich 773ØØØ.?

```
  773.ØØØE3
   77.3ØØØE4
    Ø.ØØØØØ773ØØØE+11
77300
  773.ØØØ
    7.73ØØØØØØD5
```

b) Kann die folgende REAL-Konstante auch als INTEGER-Konstante dargestellt werden?

```
4.387E9
```

c) Sind die folgenden Konstanten zulässig und, wenn ja, von welchem Typ sind sie?

```
 342.ØØ7533
 32ØØØØØ7
 ØØØØ8
-1Ø327324533770ØØD+12
 2147483648
 2147483648.
 3.3DØ
-3254E2
 235.77ØØØØØØØD7.2
-3Ø65465365
 3,141529
```

d) Schreiben Sie die folgenden Zahlen als FORTRAN-Konstanten. Nehmen Sie an, die Konstanten sollten in eine Lochkarte gelocht werden. Pro Konstante sind möglichst wenig Lochkarten-Kolonnen zu gebrauchen.

-10^{16}

33,54

Ø,ØØØØØØØØØØØØØØØØ3

1,223ØØØØØ8

$373,2.10^{-21}$

UEBUNG 2/3 Im folgenden Programm kommen eine Reihe von Variablen vor. Schreiben Sie die nötigen Typ-Vereinbarungen auf.

```
READ(5,1) BSTR,CSTR,LSTR
Q=LSTR+57
READ (5,2) RHO, RHOPKT
DQUER=BSTR/2.Ø
DP=CSTR/RHOPKT+3.1415
WRITE (6,3) RHO, Q,DQUER,DP
STOP
END
```

(Es fehlen 3 FORMAT-Befehle)

Zur Lösung: Auf der rechten Seite des Ergibtzeichens (=) dürfen nur Variablen oder Konstanten gleichen Typs stehen!

UEBUNG 2/4 a) Schreiben Sie die folgenden Ausdrücke als mathematische Formeln:

aa) (A+B)/(C-D)	ab) A+B/(C-D)
ac) (A+B)/C-D	ad) A+B/C-D
ae) AB*(D-A**3)	af) A*B/(C*D)
ag) A/C*B/D	ah) A/(1.Ø+B/(2.7+C))

b) Schreiben Sie die folgenden mathematischen Ausdrücke als FORTRAN-arithmetische Ausdrücke:

ba) $a^{b+2} \cdot c$

bb) $a(x+b(x+c))$

bc) $p + \frac{qr}{s} + t^{v} - w$

bd) $\frac{(p + q)r}{(s+t)^{v-w}}$

be) $(\frac{x}{y})^{r-1}$

bf) $\sqrt{a^{3} + b^{3}}$

bg) $\frac{1}{\alpha + \frac{\beta}{3}}$

Beachten Sie, dass in einem Ausdruck nur Variablen und Konstanten gleichen Typs vorkommen dürfen.

c) Im folgenden Programm sind einige Fehler. Suchen Sie sie und schreiben Sie eine bessere Lösung:

```
READ 5,1Ø1, A,B,C,
(P+Q)=A
WRITE (6) P+Q
REAL A,B,C
INTEGER P,Q,DR,IS
DR=A**-5 + B**3 - (-5.3)**(A/C)
WRITE (6, 1Ø1) DR, IS
STOP
END
```

UEBUNG 2/5

a) Der Gesamtwiderstand zweier parallel geschalteter Widerstände ist durch

$$R_{tot} = \frac{1}{\frac{1}{R_1} + \frac{1}{R_2}}$$

gegeben.

Schreiben Sie ein vollständiges Programm (jedoch ohne FORMAT-Anweisungen), welches die Werte von R_1 und R_2 von einer Karte einliest und alle drei Widerstände ausdruckt.

b) Eine Lochkarte enthält die Kantenlänge eines Würfels aus Silber. Das Programm soll daraus die Anzahl Mole (N), die Anzahl Atome (A) sowie die Masse des Würfels (M) liefern gemäss den Formeln:

$$M = 1Ø.5 \cdot L^3$$

$$N = \frac{M}{1Ø7.88}$$

$$A = 6.Ø23 \cdot 1Ø^{23} \cdot N$$

M Masse in Gramm
L Kantenlänge des Würfels
N Anzahl Mole
A Anzahl Atome

UEBUNG 3/1 In jeder der folgenden Aufgaben sollen Sie Anweisungen schreiben, die die beschriebenen Aktionen als Teil irgend eines Programms ausführen. Es sind pro Aufgabe eine oder mehrere Anweisungen möglich.

a) Wenn I1 und I2 beide negativ sind, so setzen Sie SIG gleich 1, wenn sie beide positiv sind, so soll SIG gleich 2 sein, und falls sie verschiedene Vorzeichen haben, ist SIG = 3.

b) Wenn RHO und PHI zusammen kleiner als $1Ø^{-12}$ sind, so setzen Sie sowohl RHO wie PHI Ø, andernfalls soll die grössere Variable RHO und die kleinere PHI heissen.

c) Wenn IND zwischen 349 und 367 liegt, so gehen Sie zu Anweisung 45, wenn IND kleiner als 349 ist, so stoppen Sie das Programm, wenn IND grösser als 367 ist, so unternehmen Sie nichts.

d) Quadrieren Sie die grösste der Variablen A1, A2 und A3 und schaffen Sie sie, falls sie grösser als $1Ø^{3}$ und kleiner als $1Ø^{7}$ ist, nach ASUP. Andernfalls setzen Sie ASUP gleich $1Ø^{7}$.

UEBUNG 3/2 Aus dem folgenden Blockdiagrammausschnitt sollen Sie ein FORTRAN-Programmstück machen. Sie können logische oder arithmetische IF-Anweisungen benützen.

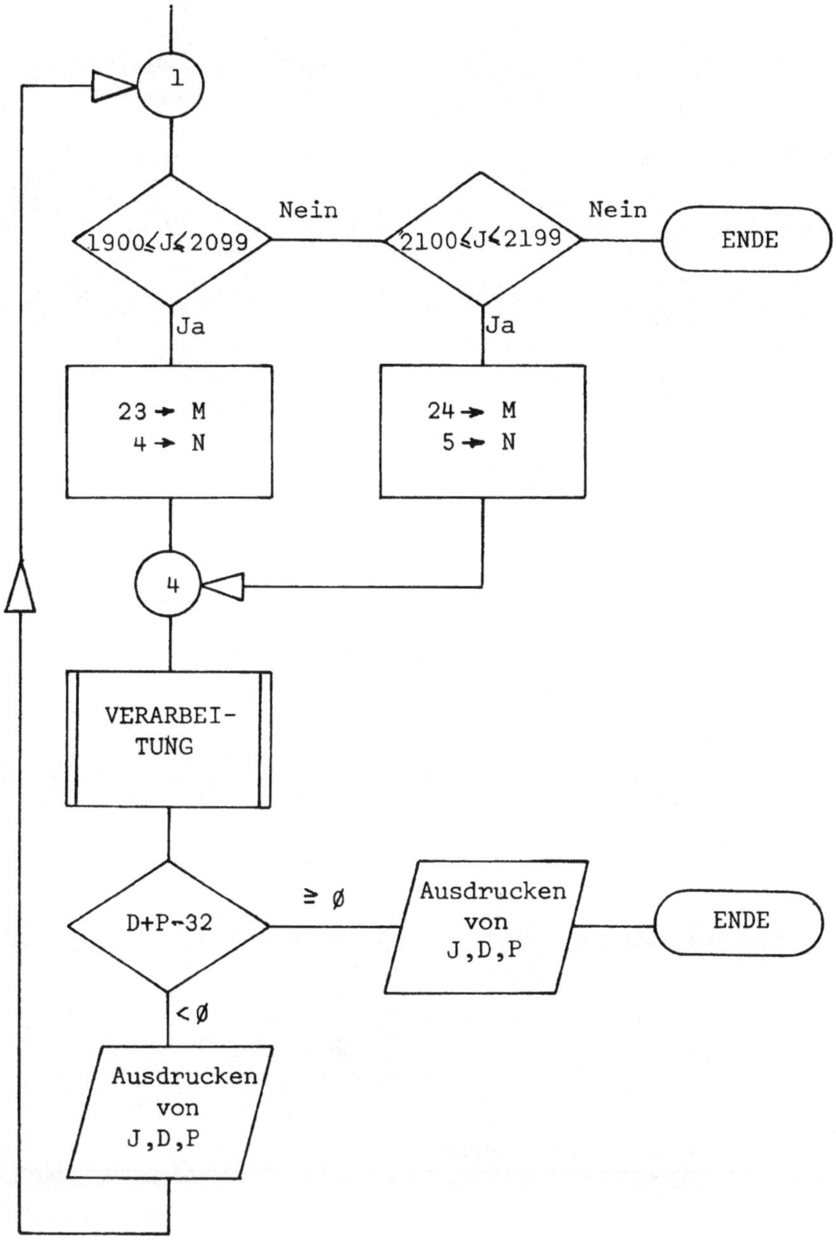

UEBUNG 3/3 Es sind der Korrelationskoeffizient und die Parameter der Regressionsgeraden zu berechnen. Es stehen 250 Paare der Messwerte x und y zur Verfügung.

Gehen Sie nach folgendem Formelsystem vor:

$$\bar{x} = \frac{\sum_{i=1}^{n} x_i}{n} \qquad \bar{y} = \frac{\sum_{i=1}^{n} y_i}{n}$$

$$S_x^2 = \frac{\sum_{i=1}^{n} (x_i - \bar{x})^2}{n} \qquad S_y^2 = \frac{\sum_{i=1}^{n} (y_i - \bar{y})^2}{n}$$

$$S_{xy}^2 = \frac{\sum_{i=1}^{n} (x_i - \bar{x})(y_i - \bar{y})}{n} \qquad r = \frac{S_{xy}}{S_x \cdot S_y}$$

Die Koeffizienten der beiden Regressionsgeraden werden mittels der folgenden Formeln ermittelt:

$$c_1 = \frac{S_y}{S_{xy}} \qquad c_2 = \frac{S_{xy}}{S_y} \cdot \bar{y} - \bar{x}$$

für die Regressionsgerade $y = c_1 x + c_2$

$$c_3 = \frac{S_{xy}}{S_x} \qquad c_4 = -\frac{S_{xy}}{S_x} \cdot \bar{x} + \bar{y}$$

für die Regressionsgerade $y = c_3 x + c_4$

UEBUNG 4/1

a) Schreiben Sie mit Hilfe der Tabelle in Anhang 1 (Seite I/130) die folgenden mathematischen Formeln in FORTRAN um :

aa) $P = \frac{1}{\cos a} - \ln\left(\operatorname{tg} \frac{a}{2} \right) \quad ; \quad \operatorname{tg} x = \frac{\sin x}{\cos x}$

ab) $f = x \cdot \operatorname{arctg} \frac{x}{a} + \frac{a}{2} \cdot \ln\left(a^2 + x^2 \right)$

ac) $B = \frac{e^{\frac{x}{\sqrt{2}}} \cdot \cos\left(\sqrt{x/2 + \pi/8}\right)}{2 \cdot \sqrt{x}}$

Bemerkung: Die Argumente der Winkelfunktionen sind im Bogenmass angegeben.

b) Schreiben Sie ein Programm, das eine Tabelle von Sinus und Cosinus der Winkel von 1° bis 60^{0} ausdruckt. Die Ausgabe soll Winkelmass, Bogenmass, Sinus und Cosinus der Winkel enthalten. Als Schrittlänge wählen Sie 1°

UEBUNG 4/2

a) Schreiben Sie ein Unterprogramm, das Winkel aus dem Gradmass in Winkel in Bogenmass umrechnet. Benützen Sie dann dieses Unterprogramm anstelle der zweiten Anweisung im Programm von Uebung 4/1 b.

b) Eine mathematische Operation, nennen wir sie "Ring", sei so definiert:

Wir definieren eine neue Operation. Anstatt wie bei der Addition das Zeichen + zu gebrauchen, brauchen wir bei der neuen Operation das Zeichen o und sagen dafür Ring. Die Operanden A und B können nur -4, -3, -2, -1, 1, 2, 3 oder 4 sein. Die Resultate der verschieden möglichen AoB-Operationen sind in der folgenden Tabelle dargestellt:

o	B=1	B=2	B=3	B=4
A=1	1	2	3	4
A=2	2	-1	4	-3
A=3	3	-4	-1	2
A=4	4	3	-2	-1

Die Ziffern in den Feldern bedeuten die Resultate AoB

Jetzt gelten noch die Regeln

A o (-B) = (-A) o B = -(A o B)
(-A) o (-B) = A o B

Bezüglich der Vorzeichen verhält sich also diese Operation o wie eine gewöhnliche Multiplikation.

Zum Beispiel ist

2 o 3 = 4 , -3 o 1 = -(3 o 1) = -3
3 o 4 = 2 , -4 o -2 = 4 o 2 = 3

Schreiben Sie ein Unterprogramm RING(A,B,ARB), das aus zwei Argumenten A und B, die nur die Werte -4,-3, -2,-1,1,2,3 und 4 annehmen können, ihr "Ringprodukt" nach obiger Definition liefert.

Falls Ihnen diese Aufgabe keine grosse Mühe machen sollte (gratuliere!), so versuchen Sie doch, ein Programm zu schreiben, das diese Aufgabe mit möglichst wenigen Anweisungen löst.

UEBUNG 4/3

a) Im folgenden Programm sind etliche Fehler. Finden Sie sie und versuchen Sie, zu verbessern.

```
   READ (5,1) PR,PS,PL
 1 PQ=PR*PM
   UR=ARCTAN(PQ/57.7)
   UR=(1+(1+(1+(A**3-PL**3)))+EØ8
   GO TO 1
   STOP
   END
```

b) Wie lange braucht ein Kapital, um sich mit einem bestimmten (eingelesenen) Zins zu verdoppeln, zu verdreifachen, zu vervierfachen und zu verfünffachen?

Zu dieser Aufgabe benötigen Sie folgende Formeln aus der Zinseszins-Rechnung:

Variablenbezeichnungen:

p Zinsfuss in %

K_o Anfangskapital

t Zeit (in Jahren)

K_t Endkapital

Die allgemeine Formel

$$K_t = K_o \cdot (1 + \frac{p}{100})^t$$

sieht für diese Aufgabe so aus:

$$n \cdot K_o = K_o \cdot (1 + \frac{p}{100})^t$$

wobei n die Werte 2, 3, 4 und 5 annimmt.

Da als Unbekannte die Zeit t auftritt, ergibt sich durch Logarithmieren

$$\ln n = t \cdot \ln (1 + \frac{p}{100})$$

oder

$$t = \frac{\ln n}{\ln(1 + \frac{p}{100})}$$

Stellen Sie ein Programm her, das diese Aufgabe löst.

UEBUNG 4/3 c) Zeichnen Sie bei der folgenden Aufgabe zuerst ein Blockdiagramm!

Quadratische Gleichungen in der Form

$$a \cdot x^2 + b \cdot x + c = \emptyset$$

haben zwei Lösungen x_1 und x_2, die sich nach der Formel

$$x_1 = \frac{-b + \sqrt{b^2 - 4 \cdot a \cdot c}}{2 \cdot a}$$

$$x_2 = \frac{-b - \sqrt{b^2 - 4 \cdot a \cdot c}}{2 \cdot a}$$

richten.

Schreiben Sie ein Unterprogramm, das als Argumente die Koeffizienten a, b und c und als Resultate die beiden Lösungen hat.

UEBUNG 5/1 Gegeben sind zwei 100-elementige, eindimensionale Felder A und B. Sie sollen das Programmstück schreiben, das den Wert S nach folgender Formel ausrechnet:

$$S = \sum_{\substack{i=1 \\ k=1 \\ i \neq k}}^{100} a_i \cdot b_i =$$

$$= a_1b_2+a_1b_3+ \dots +a_1b_{100}+a_2b_1+a_2b_3+a_2b_4 \dots +a_2b_{100}+a_3b_1+a_3b_2+a_3b_4 \dots$$

Beachten Sie noch, dass beim ersten Produkt a_ib_k, das negativ wird, die Rechnung abgebrochen werden soll.

UEBUNG 5/2 Die Multiplikation zweier N-mal-N-Matrizen ist durch folgende Formel definiert:

Matrix: Matrix C = Matrix A · Matrix B

Elemente:

$$c_{ik} = \sum_{j=1}^{N} a_{ij} \quad b_{jk}$$

für jedes Element c_{ik}

Lauten die beiden Matrizen A und B (für N=2)

$$A = \begin{pmatrix} -3 & 5 \\ 2 & 8 \end{pmatrix} \qquad B = \begin{pmatrix} 3 & -1 \\ 7 & 4 \end{pmatrix}$$

so lauten die Elemente der Produktmatrix C

$$c_{11}=a_{11}b_{11}+a_{12}b_{21}=-3\cdot3+5\cdot7 = 26$$

$$c_{12}=a_{11}b_{12}+a_{12}b_{22}=-3\cdot-1+5\cdot4 = 23$$

$$c_{21}=a_{21}b_{11}+a_{22}b_{21}= 2\cdot3+8\cdot7 = 62$$

$$c_{22}=a_{21}b_{12}+a_{22}b_{22}= 2\cdot-1+8\cdot4 = 3Ø$$

Die Produktmatrix C sieht also so aus:

$$C = \begin{pmatrix} 26 & 23 \\ 62 & 3Ø \end{pmatrix}$$

Schreiben Sie ein Unterprogramm MATMUL(A,B,C,N) für die Multiplikation von N-mal-N-Matrizen.

UEBUNG 6

Man könnte zum Kapitel "Formate" fast endlos Uebungen lösen, Spezialfälle betrachten etc. Für dieses Kapitel gilt aber ganz besonders, dass das eigentliche Lernen erst mit den Erfahrungen auf dem Computer richtig einsetzt. Wir wollen deshalb nur ein Beispiel lösen.

In Uebung 4/3 (Lösung 4/3 Seite I/125) schrieben Sie ein Unterprogramm zur Lösung quadratischer Gleichungen. Schreiben Sie nun dazu ein Hauptprogramm mit folgenden Eigenschaften:

- Die Koeffizienten der Gleichung $ax^2+bx+c=\emptyset$ sollen durch Lochkarten folgender Art eingelesen werden:

- Es werden insgesamt 5 Lochkarten eingelesen und deshalb 5 Gleichungen berechnet.

- Die Ausgabe hat folgendermassen auszusehen:

```
KOEFFIZIENTEN DER  . GLEICHUNG
A =          B =          C =

LOESUNGEN
X1R=          X1I=          X2R=          X2I=
```

Insgesamt erscheinen 5 solcher Ausgabeeinheiten.

Literatur zur Datenverarbeitung

Einführung in das Programmieren in FORTRAN

Von Wolfgang E. Spieß und Friedrich G. Rheingans. 2. erweiterte und verbesserte Auflage. Groß-Oktav. 216 Seiten. Mit 19 Abbildungen und 13 Tabellen, Programmierbeispielen und Übungen. 1971. DM 14,– (de Gruyter Lehrbuch) ISBN 3 10 12057 3

Höhere FORTRAN-Programmierung

Von Harald Siebert. In Zusammenarbeit mit der Gesellschaft für elektronische Systemforschung. Groß-Oktav. Etwa 160 Seiten. 1971. Etwa DM 16,– (de Gruyter Lehrbuch) ISBN 3 11 003475 1

Einführung in das Programmieren in ALGOL

Von Georg Bayer. 2. verbesserte Auflage. Groß-Oktav. 172 Seiten. Mit 26 Abbildungen. 1971. DM 12,– (de Gruyter Lehrbuch) ISBN 3 11 002065 3

Programmierübungen in ALGOL 60

Von Georg Bayer. Unter Mitarbeit von Lothar Potratz und Siegfried Weiß. Groß-Oktav. 90 Seiten. 1971. DM 10,– (de Gruyter Lehrbuch) ISBN 3 11 006433 2

Einführung in das Programmieren

Teil 2: Programmieren in einer Assembler-Sprache. Von Georg Bayer. Oktav. 132 Seiten. 1969. DM 12,– (de Gruyter Lehrbuch) ISBN 3 11 000926 9

Einführung in die Programmierung digitaler Rechenautomaten

Von Fritz Rudolf Güntsch und Hans Jürgen Schneider. 3. Auflage. Groß-Oktav. Mit 3 Tafeln und vielen Textabbildungen. Etwa 388 Seiten. 1971. Etwa DM 54,– ISBN 3 11 001969 8

Programmierung von Datenverarbeitungsanlagen

Von Hans Jürgen Schneider und Dieter Jurksch. 2. erweiterte Auflage. 145 Seiten. Mit 14 Abbildungen und 8 Tabellen. 1970. DM 5,80 (Sammlung Göschen Band 1225/1225a) ISBN 3 11 006414 6

Einführung in die Datenverarbeitung

Von Sebastian Dworatschek. 4. verbesserte Auflage. Groß-Oktav. Mit 266 Bildern, 189 Übungsaufgaben und einem Abbildungsanhang. XVI, 371 Seiten. 1971. Gebunden DM 24,– (de Gruyter Lehrbuch) ISBN 3 11 003669 X

IDV-Lernprogramm – Elektronische Datenverarbeitung

Ein PU-Lehrgang mit Steuertexten für Manager, EDV-Fachleute, Sachbearbeiter, Studenten, allgemein Interessierte. Hrsg. vom IDV-Institut für elektronische Datenverarbeitung, Zürich, in Verbindung mit dem Institut für Betriebswirtschaft an der Hochschule St. Gallen. 2 Bände. Quart. Band I: XVI, 291 Seiten, Band II: 326 Seiten. DM 96,– ISBN 3 11 003550 2

Die automatisierte elektronische Datenverarbeitung

und ihre Bedeutung für die Unternehmensleitung. Von Andreas Diemer. 2. überarbeitete und etweiterte Auflage. Groß-Oktav. Mit 37 Abbildungen und zahlreichen Tabellen, Ablaufdiagrammen und Beispielen. 294 Seiten. 1968. Gebunden DM 34,– ISBN 3 11 000855 6

Schaltalgebra und digitale Grundschaltungen

(Teilprogrammierter Text) Von Sebastian Dworatschek unter Mitarbeit von Hermann Gehring. Mit zahlreichen Abbildungen und 73 Übungsaufgaben mit Lösungen. Groß-Oktav. 127 Seiten. 1970. DM 12,– (de Gruyter Lehrbuch) ISBN 3 11 000850 5

Regelkreistheorie und Datenverarbeitung

Herausgegeben von D. Bell und A. W. J. Griffin. Groß-Oktav. 264 Seiten. 1971. DM 48,– ISBN 3 11 006430 8

Digitale Rechenautomaten

Eine Einführung. Von Rainer Klar. 205 Seiten. Mit 19 Tabellen, 75 Abbildungen und 37 Beispielen. 1970. DM 5,80 (Sammlung Göschen Band 1241/1241a) ISBN 3 11 002793 3

De Gruyter · Berlin · New York

FSC
www.fsc.org
MIX
Papier | Fördert gute Waldnutzung
FSC® C083411

Kolibri 360 GmbH
Ferdinand-Jühlke-Straße 7
99095 Erfurt, Deutschland
produktsicherheit@kolibri360.de